Libero & Aperto

Falsi Miti e Opportunità Reali del Free Open Source Software

Luigi Iandolo

Indice

Introduzione..pag. 1

PARTE I: COME TUTTO EBBE INIZIO.....................pag. 5

1. In Principio il Software era Libero........................pag. 7

   1.1. Il Progetto GNU.....................................pag. 14

   1.2. La Free Software Foundation (FSF)................pag. 18

   1.3. La Open Source Initiative (OSI)....................pag. 21

2. Il Codice Sorgente.....................................pag. 24

   2.1. Il Criterio del Codice Sorgente Aperto.............pag. 29

3. I Principi Filosofici Condivisi nella Comunità

   FOSS..pag. 32

   3.1. Differenze tra Free Software e Open Source.....pag. 35

PARTE II: LA PROPRIETÀ INTELLETTUALE..........pag. 45

1. Genesi del Concetto di Proprietà Intellettuale........pag. 47

   1.1. Copyright e Diritto d'Autore............................pag. 52

   1.2. Brevetti..pag. 54

2. La Sfida del Movimento FOSS.............................pag. 57

   2.1. La GNU General Public License....................pag. 62

   2.2. Copyleft...pag. 65

3. Classificazione delle Licenze FOSS.......................pag. 67

3.1. Differenze Funzionali delle Licenze FOSS........pag. 69

3.2. Differenze Storiche delle Licenze FOSS...........pag. 73

4. Proliferazione di Licenze....................................pag. 79

4.1. Vanity License...pag. 83

PARTE III: IL FOSS TRA VERITÀ E MENZOGNE....pag. 85

1. Disinformazione sul FOSS...................................pag. 87

1.1. Principali Modalità di Guadagno con il FOSS...pag. 97

2. Propaganda Contro Propaganda............................pag. 102

2.1. Potenziali Problemi della Migrazione a

GNU/Linux...pag. 106

3. Il FOSS nella Pubblica Amministrazione..............pag. 109

3.1. Vantaggi dei Formati Aperti nella Pubblica

Amministrazione...pag. 114

4. Il FOSS nelle Aziende..pag. 122

4.1. Ostacoli alla Diffusione del FOSS nelle

Aziende Italiane..pag. 125

5. Il FOSS nel Mondo della Scuola..........................pag. 131

5.1. Difficoltà del FOSS nella Scuola Pubblica

Italiana...pag. 133

Conclusioni...pag. 135

Bibliografia...pag. 141

Sitografia..pag. 144

Introduzione

Il Free Open Source Software (FOSS), sebbene sia nato come fenomeno di nicchia in seno alla comunità hacker, nel corso degli anni si è trasformato in una vera e propria rivoluzione culturale che ha permeato il tessuto sociale generando contraccolpi etici, economici e politici. Eppure il software libero non è una novità in senso assoluto. Molti anni prima che nascesse la comunità hacker, il software era già libero in ogni sua componente: in origine non c'era alcuna necessità di porre limitazioni al suo uso e ciò che veniva creato era messo a disposizione di chiunque ne avesse bisogno. Non era una scelta ideologica, ma la conseguenza di una mera constatazione: quante più erano le persone che contribuivano allo sviluppo del software, tanto più questo migliorava in stabilità, prestazioni e funzionalità. La creazione di nuovo software o il miglioramento di quello esistente erano considerati progressi della scienza.

I veri elementi innovativi introdotti dal movimento FOSS, perciò, non risiedono nella metodologia con cui esso gestisce il software sotto il profilo meramente tecnico, ma da come lo concepisce da un punto di vista filosofico. I principi ispiratori del movimento FOSS sono riconducibili al libero scambio delle idee, alla libertà di pensiero e di espressione:

nobili ideali che hanno segnato profondamente la storia dell'umanità.

Il processo che ha consentito al FOSS di uscire dalla relativa oscurità in cui era confinato fino agli anni novanta del XX secolo non è stato tuttavia completamente scevro di equivoci e strascichi negativi. La vasta eco del fenomeno FOSS ha causato dei veri e propri scontri ideologici, generando una frattura, a volte inconciliabile, fra entusiasti "senza se e senza ma" e detrattori tout court. Questa dicotomia manichea se da una parte ha contribuito non poco ad accrescere la curiosità intorno al Free Open Source Software al di fuori degli ambiti specialistici, dall'altra ha spinto l'utente informatico medio a sottovalutare la reale portata culturale di questo fenomeno.

L'obiettivo di questo libro è analizzare, in una prospettiva non ideologica e accessibile all'utente informatico medio, le potenzialità e i limiti del FOSS. Gli argomenti trattati sono quelli maggiormente oggetto di dibattito in materia di FOSS. Tuttavia, dal momento che buona parte della letteratura sul FOSS è purtroppo viziata da intenti, a seconda delle fonti, propagandistici o denigratori, si è cercato di aggirare questo problema scegliendo una bibliografia di riferimento che fosse quanto più diversificata possibile, coadiuvandola inoltre con dati statistici.

Nella prima parte del libro: si inizia con la narrazione storica dei passaggi fondamentali che hanno segnato la nascita del movimento FOSS; si spiega cosa sia il codice sorgente da un punto di vista tecnico; si approfondiscono gli aspetti filosofici che si celano dietro il paradigma del codice sorgente aperto; si chiarisce la differenza tra "Free Software" e "Open Source".

Nella seconda parte del libro: si analizza la genesi del concetto di proprietà intellettuale alla luce delle implicazioni storiche; si introduce il concetto di copyleft in contrapposizione a quello di copyright; si fa una disamina sulle principali licenze FOSS, differenziandole in base a criteri funzionali e storici; si esaminano alcuni aspetti critici legati alle licenze FOSS.

Nella terza parte del libro: si smentiscono alcuni falsi miti sul FOSS; si mettono in luce gli aspetti propagandistici sia contro, sia in favore del FOSS; si evidenzia l'importanza dei formati aperti e i rischi derivanti dall'utilizzo dei formati proprietari; si analizzano i benefici e gli ostacoli inerenti all'adozione di soluzioni FOSS nella pubblica amministrazione, nelle aziende e nelle scuole, con particolare attenzione alla realtà italiana.

PARTE I:
COME TUTTO EBBE INIZIO

1. In Principio il Software era Libero

Negli anni quaranta del XX secolo lo scenario informatico era molto diverso da quello attuale, nessuno prevedeva che i computer sarebbero diventati oggetto di consumo di massa, tanto che nel 1943 a Thomas J. Watson Jr.[1] veniva attribuita la seguente frase[2]:

> *«*I think there is a world market for about five computers»*[3]

Dietro la facile ilarità che le parole di Watson suscitano oggigiorno c'è la sintesi di un mondo che ancora non aveva compreso quale sarebbe stata la sua futura strada.

In quegli anni i computer erano macchine costose e talmente ingombranti da occupare intere stanze [Illustrazione 1], perciò si potevano davvero contare

---

1 Thomas J. Watson Jr. fu ai vertici della IBM dal 1914 al 1956, prima come direttore generale, in seguito come amministratore delegato e infine come presidente.

2 In vero non esistono prove che Thomas J. Watson Jr. abbia pronunciato veramente queste esatte parole. È più probabile che si tratti di una sintesi estratta da un suo discorso.

3 Cit. Morgan, Chris e Langford, David (Exeter 1981), Facts and Fallacies, Webb and Bower, p. 44.

sulle dita di una mano. Molto spesso, inoltre, erano costruiti con specifiche hardware differenti, praticamente ognuno di essi costituiva un modello a sé, cosa che li rendeva poco o niente compatibili l'uno con l'altro.

Illustrazione 1
Zuse Z4 esposto al Deutsches Museum di Monaco di Baviera[1]
(Autore: Clemens Pfeiffer)

È più che comprensibile, perciò, che il software fosse sviluppato alla bisogna, caso per caso, e che in conseguenza di ciò si condividessero le conoscenze per realizzarlo, al fine di rendere più agevole il lavoro degli ingegneri. In altri termini, quello che oggi

---

1 Lo Z4, costruito fra il 1942 e il 1945, fu il primo computer digitale elettro-meccanico a essere venduto al mondo.

definiamo know-how[1] informatico era ancora considerato affine al normale sapere scientifico.

Le cose non cambiarono in maniera rilevante per quasi quarant'anni, tanto che nel 1977 Kenneth Olsen[2] fece concorrenza a Watson in quanto a "lungimiranza", pronunciando la storica frase:

«**There is no reason for any individual
to have a computer in his home»[3]*

Fu solo negli anni ottanta che avvenne la svolta: l'informatica cominciò a diffondersi oltre i confini settoriali entro i quali era stata relegata per decenni [Grafico 1]. I computer, sebbene non fossero ancora diventati beni di largo consumo, iniziarono a entrare negli uffici e persino nelle case private. Si diffondevano i personal computer[4], come l'IBM 5150[5] e

---

1 Nel linguaggio dell'industria, il termine know-how indica un complesso di conoscenze ed esperienze tecniche non brevettate, talvolta di carattere segreto, utili o necessarie al conseguimento di determinati scopi industriali.

2 Kenneth Olsen fondò la Digital Equipment Corporation.

3 Cit. Cerf, Christopher e Navasky, Victor (New York 1984), The experts speak: the definitive compendium of authoritative misinformation, Pantheon Books, p. 209.

4 Un personal computer è un elaboratore elettronico da tavolo, di dimensioni ridotte, concepito per l'utilizzo individuale o in piccole aziende. È spesso abbreviato con la sigla PC.

5 L'IBM 5150, più comunemente noto come PC IBM, è un personal computer prodotto dall'azienda statunitense IBM (International Business Machines Corporation) e commercializzato dal settembre 1981 all'aprile 1987. È considerato il capostipite degli odierni personal → a pag.10

nascevano gli home computer[1], come il Commodore 64[2].

La progressiva diffusione dei computer accrebbe lo sviluppo dei sistemi operativi[3] e conseguentemente la portabilità[4] dei programmi. I sistemi operativi infatti erano venduti insieme all'hardware, perciò macchine prodotte da aziende hardware differenti non di rado possedevano un medesimo sistema operativo.[5] Ciò agevolò decisamente la possibilità di

---

↑ da pag.9 computer dotati di microprocessori basati su architettura x86.

1 L'espressione home computer indica la seconda generazione di microcomputer che si diffusero nel mercato casalingo tra la fine degli anni settanta e i primi anni ottanta. Un microcomputer è una macchina di potenza limitata, dotata di un solo microprocessore (μP).

2 Il Commodore 64 è un home computer commercializzato dal 1982 al 1993 dalla Commodore Business Machines Inc. A tutt'oggi è il modello di computer più acquistato di sempre, con dieci milioni di unità vendute.

3 Un sistema operativo è un insieme di componenti software che fornisce un'interfaccia uomo-macchina, ovvero una modalità evoluta d'interazione fra utente e hardware che ha lo scopo di far vedere all'utente una macchina astratta semplificata. Tipici compiti di un sistema operativo sono: l'invio di comandi alla macchina, tramite un'interfaccia utente; la gestione del traffico dati fra la macchina e le periferiche a essa collegate; operare come intermediario fra hardware e software di sistema e i diversi programmi in esecuzione. Sono sistemi operativi Unix, DOS, Windows, Mac/OS.

4 La portabilità è la caratteristica di alcuni programmi che possono essere utilizzati su hardware differenti senza essere sottoposti a modifiche.

5 In quegli anni il sistema operativo più diffuso al → a pag.11

usare il software in maniera relativamente indipendente dall'hardware.

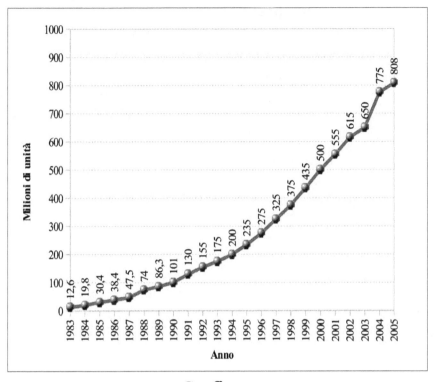

Grafico 1
Numero dei personal computer nel mondo dal 1983 al 2005[1]
(Fonte: ITU – International Telecommunications Union)

↑ da pag.10 mondo era l'MS-DOS (Microsoft Disk Operating System) grazie al fatto che veniva commercializzato insieme ai PC IBM.

1 I dati riportati nel grafico, sebbene facciano riferimento a una ricerca condotta dalla ITU (International Telecommunications Union), non sono più disponibili sul sito di suddetta organizzazione. È tuttavia possibile reperirli sul sito Internet della Areppim AG, <stats.areppim.com/stats/stats_pcxfcst.htm>.

I nuovi utenti informatici necessitavano sempre più di software che rispondesse a specifiche esigenze di lavoro, studio o divertimento. Nella maggior parte dei casi, però, essi non possedevano alcuna competenza di programmazione, cosicché erano disposti ad acquistare i programmi di cui avevano bisogno. Il software cominciava ad assumere una valenza commerciale che prima di allora non possedeva e le aziende per limitare la concorrenza si orientavano verso lo sviluppo di prodotti brevettati e non modificabili. Nasceva il software proprietario[1].

---

1 Il sintagma software proprietario è un barbarismo ormai comunemente utilizzato per tradurre con un calco semantico l'espressione inglese proprietary software, cioè software di proprietà esclusiva.

Traduzione

* «Penso che ci sia un mercato mondiale per circa cinque computer»

** «Non c'è alcuna ragione che ogni persona abbia un computer in casa»

1.1. Il Progetto GNU

Il neonato mercato del software sin da subito s'improntò alla protezione della proprietà intellettuale, causando malumori e disagi agli utenti più esperti, i quali, specie negli ambienti accademici, subivano assurdi rallentamenti nel proprio lavoro per l'impossibilità di adattare il software alle loro specifiche esigenze.

Una delle prime università a soffrire le immediate conseguenze della nuova politica sul software, imposta dalla logica di mercato, fu il Massachusetts Institute of Technology (MIT). L'ateneo di Boston aveva ricevuto in dono dalla Xerox Corporation[1] una stampante laser: fino a circa la metà degli anni ottanta era prassi abbastanza diffusa fra le aziende regalare i loro prodotti più innovativi alle università, in modo che queste potessero testarli ancor prima che venissero messi sul mercato. Purtroppo però il dispositivo donato al MIT aveva un problema con la gestione della carta, a causa del quale continuava a incepparsi. Per risolvere il fastidioso disservizio sarebbe bastata una piccola modifica al software, tuttavia questa semplice operazione era ostacolata dal-

---

1 La Xerox Corporation è un'importante azienda che produce stampanti e fotocopiatrici.

la non disponibilità del codice sorgente[1]. Oltre tutto non trattandosi di una comune mal funzionante stampante, ma di un costoso prototipo d'avanguardia, non era possibile sostituire l'apparecchio con un altro modello più efficiente. La stampante inoltre era usata da molti utenti dislocati su vari piani e ogniqualvolta s'inceppava erano tante le persone che andavano a vedere cosa fosse successo alle loro stampe, sottraendo tempo prezioso al lavoro che stavano svolgendo.

Fu un allora ventisettenne programmatore dello staff del laboratorio d'intelligenza artificiale, Richard M. Stallman, che trovò un workaround[2] per ovviare al problema. La soluzione adottata da Stallman, proprio per l'indisponibilità del codice sorgente, non poteva essere né diretta, né ottimale, tuttavia era molto elegante ed efficacie. Il giovane programmatore prese il software di una vecchia stampante Xerox, di cui era disponibile il codice sorgente, e lo modificò per adattarlo alla periferica mal funzionante, in modo che gli utenti ricevessero un messaggio che segnalava loro il completamento o eventuali congestioni della coda di stampa[3].

---

1 Il codice sorgente è il testo di un algoritmo che opportunamente elaborato consente la creazione di un programma eseguibile dal processore.
2 In informatica si definisce workaround un espediente che si usa per aggirare un problema quando i metodi per così dire canonici si rivelano inefficaci o inattuabili.
3 La coda di stampa è l'elenco dei file inviati a una stampante e in attesa di essere stampati.

Quell'esperienza rafforzò in Stallman la convinzione che il software dovesse rimanere libero. Fu tuttavia solo dopo l'annuncio della commercializzazione del sistema operativo Unix che la comunità hacker[1], cui apparteneva lo stesso Stallman, passò dalla semplice indignazione morale nei confronti delle restrizioni imposte dal software proprietario, alla consapevole ribellione in difesa della libertà individuale.

Il sistema operativo Unix, progettato nel 1969 nei Bell Laboratories, a quel tempo di proprietà della compagnia telefonica AT&T, a seguito di una decisione antitrust del 1974 con la quale il Dipartimento di Giustizia[2] vietava l'ingresso della AT&T Corporation nel settore dell'informatica, non poteva essere venduto e pertanto veniva distribuito alle università a un prezzo simbolico. La maggior parte delle università, perciò, si ritrovò ad avere una piattaforma informatica[3] comune, senza però supporto tecnico. Ciò fece nascere intorno a Unix una sorta di rete solidale per il mutuo e libero scambio di software, coordinata dall'università di Berkeley.

1 Un hacker è una persona, generalmente esperta di programmazione, che considera l'imposizione di limitazioni nel campo della tecnologia come sfide intellettuali, ovvero come problemi da aggirare o superare creativamente. Il termine, a causa dell'uso improprio che ne fanno i mass media, viene comunemente usato come sinonimo di pirata informatico, la cui definizione corretta è invece cracker.
2 Il Dipartimento di Giustizia degli Stati Uniti d'America è il dicastero che vigila sul rispetto delle leggi federali.
3 Una piattaforma informatica è una base software/hardware su cui sono sviluppate/eseguite applicazioni. Il sistema operativo ne è una componente.

Nel gennaio del 1982 la AT&T Corporation acconsentì allo smembramento dei Bell Laboratories, mettendo fine al regime di monopolio che le impediva di entrare nel settore informatico e gettando le basi per l'ingresso del sistema operativo Unix nel mercato del software proprietario.

Nel 1983 Stallman, memore dell'esperienza della stampante e più che mai consapevole di quali fossero i contraccolpi professionali di un tale cambiamento, promosse un'iniziativa collaborativa per creare un clone di Unix che garantisse la totale libertà a utenti e sviluppatori: il progetto GNU, dall'acronimo ricorsivo[1] GNU's Not Unix.

L'obiettivo del progetto GNU fu raggiunto nel 1991, grazie al contributo di uno studente d'informatica finlandese, Linus Torvalds, che realizzò un clone del kernel[2] Unix, che prese il nome di Linux.

---

1 Un acronimo ricorsivo è un acronimo che include se stesso all'interno della propria scrittura per esteso.
2 Il kernel è il nucleo di un sistema operativo, il suo compito è gestire le funzioni di controllo fondamentali del computer.

1.2. La Free Software Foundation (FSF)

In concomitanza con la nascita del progetto GNU, Stallman coniò il termine Free Software (Software Libero). In seguito, il 4 ottobre 1985, per dare impulso all'idea, fondò la Free Software Foundation (FSF), un'organizzazione senza scopo di lucro a sostegno dello sviluppo e della diffusione del software libero.

Stallman divenne il presidente della FSF, ma, coerentemente con il disprezzo per i beni materiali mostrato in tutta la sua vita, rifiutò qualunque compenso per l'incarico. La scelta di una siffatta insolita decisione è perfettamente riassunta dalle parole dello stesso Stallman:

> «[...] *I've always lived cheaply. I live like a student, basically. And I like that, because it means that money is not telling me what to do. I can do what I think is important for me to do. It freed me to do what seemed worth doing. So make a real effort to avoid getting sucked into all the expensive lifestyle habits of typical Americans. Because if you do that, then people with the money will dictate what

*you do with your life. You won't be able to
do what's really important to you.»*[1]

Richard M. Stallman è ancora oggi il presidente non
stipendiato della Free Software Foundation.

1 Cit. Gay, Joshua (Boston 2002), Free Software, Free Society: Selected Essays of Richard M. Stallman, Gnu Press, pp. 164-165.

Traduzione

* «Ho sempre vissuto con poco. Vivo di fatto come uno studente. E mi piace, perché significa che il denaro non mi dice cosa fare. Posso fare quello che per me è importante fare. Mi sono liberato da ciò che sembrava importante fare. Fate un sforzo concreto per evitare di essere risucchiati in tutte quelle costose abitudini dello stile di vita degli americani medi. Perché se sarete risucchiati, allora la gente con i soldi vi dirà quello che dovete fare con la vostra vita. Non sarete in grado di fare ciò che è veramente importante per voi.»

1.3. La Open Source Initiative (OSI)

Nel febbraio del 1998 Eric S. Raymond[1] e Bruce Perens[2] fondarono una nuova organizzazione, la Open Source Initiative (OSI), al fine di catalizzare i malumori di quanti nella comunità hacker [Illustrazione 2] consideravano troppo intransigente l'impostazione etica della FSF, preferendo sostenere il software libero solamente dal punto di vista della superiorità tecnica.

L'iniziativa, sebbene fosse ispirata al concetto di Software Libero, non si basava sui medesimi principi etici e sociali della FSF. Mirava piuttosto ai benefici pratici derivanti sia dall'allargamento della comunità degli sviluppatori di software libero, sia soprattutto dal coinvolgimento delle aziende.

---

1 Eric Steven Raymond è un informatico statunitense, autore del saggio The Cathedral & the Bazaar: Musings on Linux and Open Source by an Accidental Revolutionary e ideatore del simbolo della comunità hacker, il Glider.
2 Bruce Perens è un informatico statunitense. Dall'aprile 1996 al dicembre 1997 è stato DPL (Debian Project Leader), cioè la persona che rappresenta in tutto il mondo il progetto Debian e ne definisce le linee guida.

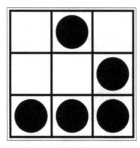

Illustrazione 2
Simbolo del Glider (aliante), emblema della comunità hacker
(Autore: Eric S. Raymond)

Fu proprio per attrarre il mondo aziendale, disinteressato agli aspetti ideologici della FSF o addirittura spaventato dall'aggettivo free, sovente malinteso come gratuito[1], che si coniò l'espressione Open Source (Sorgente Aperto), focalizzando l'attenzione sul codice sorgente anziché sulla libertà.

La Open Source Initiative, inoltre, redasse sulla falsariga delle Debian Free Software Guidelines[2] (DFSG) una definizione di licenza Open Source, la Open Source Definition.

La nascita del movimento Open Source ha coinciso con la crescente diffusione di Linux [Grafico 2] e ha attirato l'interesse dell'industria tradizionale del software, favorendo anche la nascita di nuove aziende.

---

1 In inglese free può significare sia libero, sia gratuito.
2 Le Debian Free Software Guidelines (Linee Guida del Software Debian) sono un insieme di principi che definiscono l'idea di software libero, secondo i sostenitori del progetto Debian.

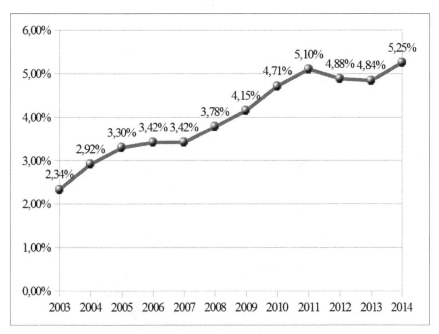

Grafico 2
Diffusione dei sistemi operativi basati su kernel Linux dal
2003 al 2014, relativamente ai dati sui visitatori del sito
W3Schools.com
(Fonte: W3Schools)

La Open Source Initiative attualmente è guidata da
un collegio di anziani di cui fanno parte, oltre ai fon-
datori, Raymond e Perens, anche Linus Torvalds,
Larry Wall[1], Guido van Rossum[2] e altre autorevoli
personalità della comunità Open Source.

---

1 Larry Wall è un informatico statunitense, creatore del linguaggio di programmazione Perl.
2 Guido van Rossum è un informatico olandese, creatore del
   linguaggio di programmazione Python.

2. Il Codice Sorgente

È da circa un decennio che l'espressione Open Source non fa più parte del solo lessico informatico, cioè da quando anche la stampa non specialistica ha iniziato a occuparsi di questo fenomeno.[1] L'interesse dei media generalisti, tuttavia, anziché contribuire a fare chiarezza, ha paradossalmente creato un alone d'incertezza non solo intorno al concetto di Open Source, ma anche intorno all'espressione stessa, la quale al di fuori degli ambienti non specificamente informatici continua a essere di non facile disambiguazione.

Nel sentire comune Open Source è sostanzialmente sinonimo di gratis, il che da una parte è fonte di facili pregiudizi e dall'altra addirittura svilisce la natu-

---

1 A conferma dell'interesse mostrato nel corso degli anni dalla stampa generalista nei confronti del fenomeno Open Source, vd. Balbi, Alessio, La rivoluzione open source conquista Hollywood, Repubblica.it, 2 luglio 2003, <www.re pubblica.it/online/scienza_e_tecnologia/sinbad/sinbad/s inbad.html>; Rampini, Federico, La sfida degli antibrevetto "Copiare è un diritto", ibid., 8 marzo 2002, <www.re pubblica.it/online/societa/antibrevetto/antibrevetto/anti brevetto.html>; Caccavella, Francesco, La BBC apre all'o pen source – Gratis software audio e video, ibid., 4 luglio 2005, <www.repubblica.it/2005/b/sezioni/scienza_e_tec nologia/software/dirac/dirac.html>.

ra fortemente innovativa e rivoluzionaria di questo fenomeno, il cui cardine principale è la maniera con cui si pone rispetto alla gestione del codice sorgente e giammai la gratuità, che oltre tutto è un aspetto decisamente marginale e per di più non sempre presente. Per comprendere dunque l'essenza stessa della filosofia Open Source è necessario innanzi tutto comprendere esattamente cosa sia il codice sorgente.

I programmi software, dal più semplice editor di testo[1] ai videogiochi di ultima generazione, sono costituiti da una sequenza di istruzioni che spiegano all'elaboratore elettronico come eseguire determinate funzioni. Il compito di spiegare alla macchina cosa deve fare è affidato al programmatore informatico, il quale per raggiungere il suo obiettivo utilizza un linguaggio di programmazione[2], vale a dire un codice semantico formale, caratterizzato da precise regole sintattiche e lessicali.

---

1 Un editor di testo è un programma utilizzato per la creazione, la modifica e il salvataggio di file testuali. Un semplice editor di testo è solitamente incluso nel sistema operativo. Tipici esempi di editor di testo sono: Notepad per il sistema operativo Windows, SimpleText per i sistemi operativi Apple Macintosh, Emacs per le distribuzioni GNU/Linux. Gli editor di testo si differenziano dai programmi di videoscrittura (tipo Microsoft Word od OpenOffice/LibreOffice Writer) per il fatto che questi ultimi consentono una formattazione del testo molto più complessa e offrono anche la possibilità d'inserire immagini, grafici, tabelle, ecc.

2 Alcuni fra i più diffusi linguaggi di programmazione sono: C, C++ e Java.

A fronte dei circa 2500 linguaggi di programmazione esistenti, un elaboratore elettronico è in grado di capire unicamente il linguaggio macchina, cioè un codice binario composto da due soli simboli, 0 e 1. Il programmatore, dal canto suo, date le oggettive difficoltà che comporterebbe il dovere istruire l'elaboratore usando direttamente sequenze di 0 e 1, scrive le istruzioni utilizzando un linguaggio di programmazione la cui scelta, può essere essenzialmente ricondotta a due macro-tipologie: linguaggi di alto livello o linguaggi di basso livello.[1] Le istruzioni, scritte in linguaggio di programmazione e intellegibili per l'essere umano, sono ciò che prende il nome di codice sorgente.

All'interno del codice sorgente sono contenute tutte le informazioni di cui ha bisogno l'elaboratore elettronico per eseguire i compiti che gli vengono ri-

1 La distinzione fra linguaggi di alto livello e linguaggi di basso livello è data dal maggiore o minore grado di astrazione richiesto, rispetto al linguaggio macchina. I linguaggi di programmazione di alto livello si caratterizzano per essere più vicini alla logia umana che a quella della macchina. Sono infatti progettati per essere facilmente comprensibili dagli esseri umani, fino a includere alcuni elementi del linguaggio naturale. Tipici linguaggi di programmazione di alto livello sono il Fortran e il Pascal. I linguaggi di programmazione di basso livello invece si caratterizzano per essere più vicini alla logica della macchina che a quella umana. Essi infatti coincidono con il linguaggio macchina o ne differiscono in minima parte, fornendo poca o nessuna astrazione dai dettagli del funzionamento fisico del calcolatore. Il più noto e diffuso linguaggio di programmazione di basso livello e l'Assembly.

chiesti, nondimeno esse si presentano in una forma comprensibile all'uomo, ma non alla macchina. Il contenuto del codice sorgente deve perciò essere tradotto affinché diventi comprensibile anche da quest'ultima. A siffatto scopo si ricorre a una particolare tipologia di software che può prendere il nome d'interprete o di compilatore, a seconda che il linguaggio di programmazione con cui è scritto il codice sorgente sia un linguaggio compilato o interpretato.[1] Tale software, convertendo in linguaggio macchina le istruzioni scritte dal programmatore all'interno del codice sorgente, fa sì che l'elaboratore possa finalmente comprendere ed eseguire le operazioni che gli si richiedono, il che, detto in termini più accessibili, corrisponde alla nascita di un programma [Illustrazione 3].

Il passaggio che porta dal codice sorgente al codice binario eseguibile è univoco, perciò è necessario avere il codice sorgente per modificare o correggere un programma software.

---

1 I linguaggi compilati si caratterizzano per il fatto che tutte le istruzioni scritte (con un editor di testo o in un ambiente di sviluppo integrato) nel codice sorgente vengono convertite nel corrispondente codice in linguaggio macchina, di modo che possano essere eseguite dal processore. Il programma che si occupa di tale conversione è detto compilatore. Tipici linguaggi compilati sono il C e il C++. I linguaggi interpretati invece si caratterizzano per il fatto che il codice sorgente non viene compilato, ma tradotto nel corrispondente codice in linguaggio macchina solo al momento dell'esecuzione, tramite un programma detto interprete. Uno dei più popolari linguaggi interpretati è il PHP.

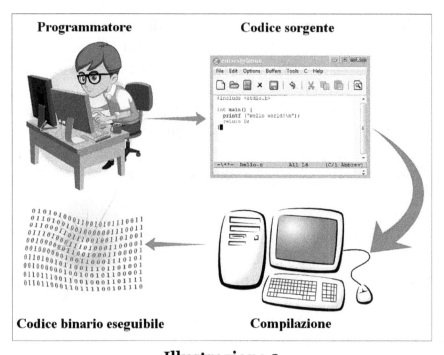

Illustrazione 3
Fasi principali della programmazione software
(Illustrazione dell'autore)

2.1. Il Criterio del Codice Sorgente Aperto

L'espressione Codice Sorgente Aperto, in inglese Open Source, fa riferimento al software il cui contenuto in linguaggio di programmazione, il codice sorgente appunto, è pubblicamente accessibile, liberamente modificabile e redistribuibile in base alle necessità degli utenti.

Il criterio del codice sorgente aperto è spiegato, attraverso una metafora un po' surreale ma efficacie, da Scot Colford in un articolo apparso sul Bulletin of the American Society for Information Science and Technology[1], di cui si riporta di seguito un libero adattamento.

> Immaginiamo che sia il compleanno di un amico e di volergli comprare una torta. Andiamo in pasticceria dove, esposta in vetrina, troviamo una bellissima torta bianca su cui fa bella mostra la scritta gialla "Buon Compleanno!". La torta a prima vista sembrerebbe fare

---

1 Cfr. Colford, Scot, Explaining, Free and Open Source Software, Bulletin of the American Society for Information Science and Technology, Vol. 35, N° 2, Dicembre 2008/Gennaio 2009, <www.asis.org/Bulletin/Dec-08/DecJan09_Colford.pdf>.

al caso nostro, senonché c'è un problema: ha la glassa rosa, e il nostro amico nutre un'autentica idiosincrasia per il colore rosa. Naturalmente nella pasticceria vi sono molte altre torte, ma sfortunatamente, per un motivo o per l'altro, nessuna di esse è in grado di soddisfare i gusti difficili nel nostro amico.

Potremmo chiedere al pasticciere di preparare una torta apposta per noi, senonché una torta su ordinazione ci verrebbe a costare molto di più e, quel che è peggio, non sarebbe pronta in tempo per la festa di compleanno.

Decidiamo perciò di preparare la torta da soli. Per farlo ci affidiamo a una ricetta di base che prendiamo da un sito Internet, alla quale aggiungiamo gli ingredienti che più piacciono al nostro amico e, una volta terminata la torta, condividiamo la nuova ricetta che abbiamo creato, di modo che qualora qualcun altro si trovasse in una situazione simile alla nostra, potrebbe trarsi d'impaccio facilmente.

Questa soluzione non sarebbe stata praticabile se le ricette delle torte non fossero accessibili a tutti: senza la libertà di usufruire di una ricetta di base che ci permettesse di conoscere gli ingredienti e le dosi saremmo stati costretti a improvvisare e invece di una torta ne sarebbe venuto fuori un "pasticcio" tale che a quel punto tanto sarebbe valso acquistare la torta con la glassa rosa così invisa al nostro amico.

La metafora di Colford racchiude sia il principio ispiratore, sia la ragione di essere del codice sorgente aperto: c'è una ricetta di base, liberamente utilizzabile da chicchessia, che prima viene arricchita fino a diventare appetibile anche per chi ha gusti molto difficili e poi condivisa per aiutare chi ne abbia bisogno; la ricetta di base è un fin troppo evidente riferimento al codice sorgente, il quale quando è aperto, cioè condivisibile, modificabile e redistribuibile, è anche migliorabile e adattabile alle più disparate esigenze, cosa che semplifica la vita alle persone, aiutandole a risolvere problemi complessi.

3. I Principi Filosofici Condivisi nella Comunità FOSS

Quando si fa riferimento al software sia Free, sia Open Source è prassi comune che per descrivere l'unione dei due concetti si utilizzi il sintagma Free Open Source Software, spesso sintetizzato con l'acronimo FOSS. Questa consuetudine è in uso dal 2003, da quando la frase comparve per la prima volta in un documento del Dipartimento della Difesa[1] statunitense.[2] Oggigiorno l'espressione Free Open Source Software non appartiene più al solo gergo militare e sebbene non si possa dire che sia diventata patrimonio della lingua comune si deve ammettere che il suo uso si è molto diffuso, non solo fra gli anglofoni o nella letteratura specialistica.

I concetti di Free Software (Software Libero) e di Open Source (Sorgente Aperto) da un punto di vista materiale si riferiscono al medesimo modo d'intendere il software, ma da prospettive differenti. Ciò è sicuramente causa di confusione, tanto che i due

---

1 Il Dipartimento della Difesa degli Stati Uniti (United States Department of Defense) è l'equivalente del Ministero della Difesa italiano.
2 Cfr. Bollinger, Terry, Use of Free and Open-Source Software (FOSS) in the U.S. Department of Defense, <www.terrybollinger.com/dodfoss/dodfoss_html/index.html>.

termini vengono spesso usati come sinonimi. Un uso, questo, che almeno da un punto di vista formale è da ritenersi improprio, sebbene trovi parziale giustificazione nel fatto che i due concetti siano in buona parte sovrapponibili.

Le affinità fra Free Software e Open Source sono tante, ma quella di più immediata percezione sta nel Codice Sorgente Aperto: il fulcro attorno cui ruota sia la Free Software Foundation, sia la Open Source Initiative. Entrambe le filosofie, inoltre, si ispirano al concetto di condivisione della conoscenza in contrapposizione a ogni forma oscurantismo intellettuale. In ragione di ciò, il presupposto fondante del movimento FOSS risiede nella salda convinzione che gli strumenti tecnologici debbano essere potenzialmente fruibili da tutti, e non oggetto di commercio a beneficio di pochi. Lo spirito di condivisione da cui è animato il movimento FOSS è cresciuto e si è diffuso insieme alla rete Internet [Grafico 3]. È grazie a Internet infatti che si è concretizzata la possibilità per i programmatori di tutto il mondo di concentrare le proprie energie su progetti comunitari, abbattendo le distanze geografiche che un tempo rappresentavano un ostacolo alla condivisione.

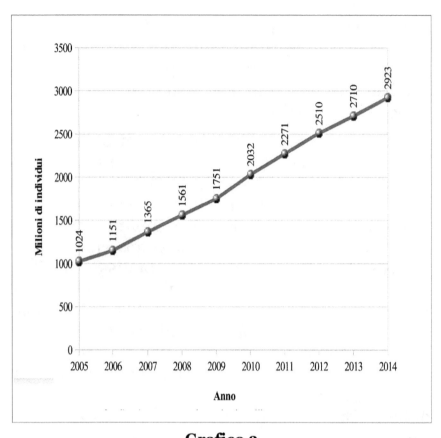

Grafico 3
Persone nel mondo che utilizzano Internet
(Fonte: ITU – International Telecommunications Union)

3.1. Differenze tra Free Software e Open Source

Le differenze, poche in verità, tra Free Software e Open Source si possono evincere dai principi fondanti cui fanno riferimento rispettivamente la Free Software Foundation e la Open Source Initiative.

- Secondo la Free Software Foundation, un programma per essere considerato Free Software deve consentire quattro libertà:[1]

  1. Libertà di eseguire il programma come meglio si crede;

  2. Libertà di studiare e modificare il codice sorgente;

  3. Libertà di distribuire il codice sorgente;

  4. Libertà di distribuire pubblicamente il codice sorgente modificato.

- Secondo la Open Source Initiative, un programma per essere rilasciato sotto li-

---

1 Cfr. GNU Project, The Free Software Definition, <www.gnu.org/philosophy/free-sw.en.html>.

cenza Open Source deve rispettare dieci punti:[1]

1. Il programma deve poter essere distribuito liberamente;

2. Il codice sorgente del programma deve essere accessibile a tutti;

3. La licenza deve consentire modifiche al programma e la creazione di opere derivate, distribuibili nei medesimi termini della licenza originaria;

4. La licenza per tutelare il lavoro dell'autore può richiedere che i prodotti derivati portino un nome o un numero di versione diverso dal software originario o può proibire la distribuzione di codice sorgente modificato nel caso in cui siano distribuite patch[2] insieme al codice sorgente originario;

5. La licenza non può discriminare alcuna persona o gruppo di persone;

6. La licenza non può imporre alcuna restrizione all'utilizzo del programma in uno specifico campo d'impiego;

7. I diritti allegati al programma devono essere applicati anche a tutti coloro cui viene redistribuito il programma;

---

1 Cfr. OSI – Open Source Initiative, The Open Source Definition, <opensource.org/osd>.
2 Una patch è un file per la correzione di bachi informatici.

8. I diritti allegati al programma non devono dipendere dal fatto che il programma faccia parte di una particolare distribuzione;

9. La licenza non deve porre restrizioni a eventuali altri programmi rilasciati insieme a quello coperto dalla licenza Open Source;

10. L'utilizzo e la modifica del programma devono essere possibili con i normali dispositivi tecnologici accessibili a qualunque utente informatico e non possono in alcun modo richiedere particolari tecnologie.

Su un piano strettamente pragmatico la differenza più evidente fra i due punti di vista sta nella maggiore enfasi che la Free Software Foundation mette sulla libertà di modificare e redistribuire il codice sorgente. Esistono nondimeno anche differenze non trascurabili sul piano ideologico: l'obiettivo principale della Open Source Initiative è assicurare la sopravvivenza del software di buona qualità, garantendo a tutti la possibilità, anche in futuro, di usufruirne senza limitazioni o restrizioni. La Free Software Foundation, invece, ritiene che il software debba essere libero non tanto perché è di migliore qualità, ma perché brevettarlo sarebbe inaccettabile sotto il profilo etico.

In buona sostanza gli appartenenti alla comunità FOSS che si identificano negli obiettivi della Open

Source Initiative hanno un atteggiamento utilitaristico, rimarcando soprattutto i benefici pratici che comportano la diffusione del codice sorgente e lo sviluppo cooperativo del software; al contrario quelli che sposano gli ideali della Free Software Foundation hanno un atteggiamento più intransigente che li porta a mettere al primo posto l'aspetto morale. A ogni buon conto, nonostante le differenze formali fra i due movimenti, la maggior parte del software Open Source è anche Free Software e viceversa [Tabella 1].[1]

---

1 Per software Open Source si intende il software rilasciato sotto una delle licenze approvate dalla OSI, mentre per Free Software si intende il software rilasciato sotto licenza GPL (General Public License) o quanto meno sotto una licenza che, secondo il parere della FSF, non contraddica i principi pratici e giuridici della GPL.

Legenda:
- "GPL" indica le licenze che, secondo il parere della Free Software Foundation, sono assimilabili giuridicamente alla General Public License;
- "Libera" indica le licenze che, secondo il parere della Free Software Foundation, hanno un tenore giuridico diverso da quello della General Public License, pur tuttavia non contraddicendone i principi etici;
- "Non Libera" indica le licenze che, secondo il parere della Free Software Foundation, contraddicono i principi sia giuridici, sia etici della General Public License.

Licenza	Parere FSF	Approvata OSI
Apache License 1.0	Libera	Sì
Apache License 1.1	Libera	Sì
Apple Public Source License	Non libera	Sì
Apple Public Source License 2.0	Libera	Non valutata
Arphic Public License	Libera	Non valutata
Artistic License 2.0	GPL	Non valutata
BSD 3-Clause	GPL	Non valutata

BSD 4-Clause	Libera	Non valutata
Clarified Artistic License	GPL	Non valutata
Common Public License 0.5	Libera	Sì
Cryptix General License	GPL	Non valutata
Eiffel Forum License	GPL (dalla ver. 2)	Sì
FreeType License	Libera	Non valutata
GNU Ada compile	GPL	Non valutata
GNU General Public License	GPL	Sì
GNU Lesser General Public License	GPL	Sì
Guile License	GPL	Non valutata
IBM Public License 1.0	Libera	Sì
iMatix Standard Function Library License	GPL	Non valutata
Intel Open Source License	GPL	Sì
Interbase Public License 1.0	Libera	Non valutata
Jabber Open Source License 1.0	Libera	Sì
LaTeX Project Public License	Libera	Non valutata
MIT License (o Expat License, secondo la nomenclatura della FSF)	GPL	Sì

MITRE Collaborative Virtual Workspace License	Non valutata	Sì
Motosoto License	Non valutata	Sì
Mozilla Public License	Libera	Sì
Mozilla Public License 1.1	GPL(solo in casi specifici)	Sì
Nethack General Public License	Non valutata	Sì
Netizen Open Source License 1.0	Libera	Non valutata
Netscape Javascript License	GPL	Non valutata
Netscape Public License	Libera	Non valutata
Nokia Open Source License	Libera	Sì
Open Compatibility License	Libera	Non valutata
Open Group Test Suite License	Non valutata	Sì
OpenLDAP License 2.3	Libera	Non valutata
Original Artistic License	Non libera	Sì
Perl License	GPL	Non valutata
Phorum License 1.2	Libera	Non valutata

PHP License 2.02	Libera	Non valutata
PHP License 3.01	Libera	Sì
Python License 1.6a2 e versioni precedenti	GPL	Sì
Python License 1.6b1 e versioni successive, fra la 2.0 e la 2.1	Libera	Sì
Python License 2.0.1, 2.1.1 e versioni successive	GPL	Sì
Qt Public License	Libera	Sì
Ricoh Source Code Public License	Non valutata	Sì
Sleepycat License (nota anche come Berkeley Database License o Sleepycat Public License)	GPL	Sì
Standard ML of New Jersey Copyright Notice, License and Disclaimer	GPL	Non valutata
Sun Community Source License	Non libera	Non valutata
Sun Industry Standards Source License 1.0	Libera	Sì
Sun Public License	Libera	Sì
Sun Solaris Source Code (Foundation Release) License 1.1	Non libera	Non valutata
Vovida Software License 1.0	Non valutata	Sì
W3C Software Notice and License	GPL	Sì
X.Net License	Non valutata	Sì
Xinetd License	Libera	Sì

zlib/libpng License	GPL	Sì
Zope Public License	Libera	Non va-lutata

PARTE II:
LA PROPRIETÀ INTELLETTUALE

1. Genesi del Concetto di Proprietà Intellettuale

Sin dall'albore dei tempi le idee che apportavano benefici tangibili per la collettività, o anche per i singoli, erano patrimonio comune e non avevano padroni. Un'innovazione che consentisse di migliorare concretamente le condizioni di vita o di lavoro delle persone era solitamente ben accolta, quasi come una manna dal cielo, e tutti erano liberi di adottarla senza doversi preoccupare di chi l'avesse ideata.

Poi la rivoluzione industriale d'inizio ottocento portò parecchi cambiamenti economici e sociali.[1] In particolare l'avvento del macchinismo[2] fece sì che l'innovazione tecnologica divenisse strategica per l'attività economica, determinando l'introduzione del concetto di proprietà intellettuale. In altri termini, il diritto di proprietà privata sulle invenzioni tec-

---

1 Cfr. Hobsbawm, Eric (New York 1996), The Age of Revolution, 1789-1848, Vintage Books, pp. 27-52.
2 Il termine macchinismo indica sia la massiccia introduzione delle macchine nella produzione industriale che a partire dal XVIII secolo caratterizza lo sviluppo della civiltà moderna., sia il cambiamento culturale causato dalla diffusione delle stesse.

nologiche o artistiche entrò prepotentemente nel settore della produzione.[1]

Da allora, e per la prima volta nella storia culturale dell'umanità, le idee hanno un proprietario e possono essere vendute. Oltre a ciò, un concetto nato in tempi relativamente recenti, di fatto un "principio artificiale" creato ad hoc, ha finito per essere percepito dal sentire comune quasi come uno ius naturale[2].

Nei duecento anni che ci separano dalla rivoluzione industriale, l'economia occidentale si è gradualmente smaterializzata e digitalizzata, l'industria ha ceduto terreno all'economia dei servizi e le informazioni, che sono veicolo di idee o, da un punto di vista gnoseologico, sono esse stesse idee sotto una forma altra, sono divenute una merce appetibile per il mercato. Le idee, tuttavia, aldilà del processo di trasformazione culturale che le ha investite, facendo loro acquisire un valore economico, ma anche degradandole al ruolo di "merce", sono e restano prive di sostanza materiale. Dal punto di vista economico una merce però è per definizione di natura concreta, costituita cioè da oggetti materiali, ed è considerata

---

1 Cfr. LASER (Laboratorio Autonomo di Scienza Epistemologia e Ricerca), Gruppo (2005 Milano), Il sapere liberato. Il movimento dell'open source e la ricerca scientifica, Feltrinelli.

2 Ius naturale, cioè diritto di natura, in relazione alla corrente filosofico-giuridica del giusnaturalismo fondata sul principio dell'esistenza di un diritto naturale intrinsecamente giusto.

differente dai beni non materiali.[1] Nell'economia classica, inoltre, il lavoro era la misura del valore di scambio di tutte le merci. È illuminante in tal senso il celebre "paradosso dell'acqua e del diamante" che l'economista e filosofo scozzese Adam Smith, padre dell'economia classica e secondo molti anche del capitalismo moderno, espone nel suo più famoso saggio La ricchezza delle nazioni, pubblicato nel 1776, cioè prima dei cambiamenti sociali e culturali conseguenti alla rivoluzione industriale:

> «Si può osservare che la parola valore ha due differenti significati: talvolta esprime l'utilità di qualche particolare oggetto e talaltra il potere di acquistare altri beni che il possesso di questo oggetto conferisce. L'uno può essere detto valore d'uso e l'altro valore di scambio. Le cose che hanno il massimo valore d'uso spesso hanno scarso o nessun valore di scambio; e, al contrario, quelle che hanno il massimo valore di scambio hanno frequentemente scarso o nessun valore d'uso. Nulla è più utile dell'acqua, ma con essa non si potrà acquistare quasi nulla e difficilmente si potrà ottenere qualcosa in cambio di essa. Un diamante al contrario non ha quasi nessun valore d'uso; ma con esso si potrà

---

1 Cfr. Treccani.it alle voci "merce" e "servizio", <www.treccani.it/enciclopedia>.

ottenere in cambio una grandissima quantità di altri beni.»[1]

Le idee, dunque, sono immateriali ma anche copiabili, condivisibili e divulgabili abbastanza facilmente; e soprattutto il loro valore di scambio è difficilmente quantificabile: in quale modo si potrebbe misurare il lavoro che c'è dietro un'idea? Stando ai principi basilari del capitalismo originario, perciò, una "merce" con siffatte caratteristiche è a dir poco atipica, o addirittura non è nemmeno una merce: è se mai un bene comune.

Un bene comune, in quanto tale, non avrebbe però potuto divenire proprietà privata a giovamento di pochi individui e a detrimento dell'intera collettività: sarebbe stata una contraddizione in termini. Il sistema capitalista, per di più, non poteva ammettere di avere costruito una nuova forma di economia fondata sui beni comuni, antitesi della privatizzazione e quindi del capitalismo stesso: sarebbe stata un'altra evidente contraddizione.

Lobby, governi nazionali e organismi sovranazionali hanno perciò messo in atto una strategia della persuasione tesa a convincere l'opinione pubblica che le idee non sono un bene comune di cui dovrebbe beneficiare l'intera società, che servirsi delle idee altrui senza pagare sia un furto, a prescindere dai benefici collettivi che tale uso porterebbe, ma soprattutto che le idee hanno sì un grande valore d'uso, ma, con

1 Cit. Smith, Adam (Torino 1975), *La Ricchezza delle Nazioni* (ed. orig. An Inquiry into the Nature and Causes of the Wealth of Nations), UTET., p. 109.

buona pace di Adam Smith, anche un enorme valore di scambio, non misurato con il lavoro ma con tintinnante moneta.

1.1. Copyright e Diritto d'Autore

Copyright è un termine con il quale si indicano l'insieme delle norme giuridiche sul diritto d'autore in vigore nei paesi di common law[1]. È solitamente abbreviato con il simbolo ©.

Il termine di copyright, sebbene nel linguaggio comune sia utilizzato spesso come sinonimo di diritto d'autore tout court, rispetto a quest'ultimo presenta delle differenze sostanziali. Il concetto di diritto d'autore infatti è più esteso di quello di copyright, il quale ha come scopo principale la tutela dell'industria culturale. Ciò comporta due conseguenze: la prima è che il copyright mira soprattutto a impedire, o quanto meno ad arginare, la diffusione di copie non autorizzate di un'opera, al fine di salvaguardare l'interesse economico dei soggetti coinvolti nel processo di commercializzazione della stessa; la seconda è che, in una siffatta prospettiva, ogni opera che abbia potenzialità commerciali può essere sottoposta a copyright dando minor rilievo alle caratteristi-

---

1 Il common law (legge comune) è un modello di ordinamento giuridico di origine anglosassone, basato sui precedenti giurisprudenziali e distinto dalla legge scritta. Il common law è contrapposto al civil law (legge civile), che è un sistema di diritto codificato di derivazione romanistica, cioè basato sul diritto romano.

che di originalità e creatività da essa eventualmente possedute.

Nei paesi di civil law[1], al contrario, il diritto d'autore propriamente inteso è maggiormente vocato alla tutela dell'autore, il quale può cedere i diritti economici sull'opera mantenendo il controllo su di essa. Questo perché si ritiene che l'opera creata porti con sé anche un valore aggiunto rispetto al mero valore commerciale: un valore di tipo morale.[2]

1 Vd. nota precedente.
2 Cfr. Lo Foco, Michele e Cropanese, Raffaella (2013), Il diritto d'autore – Storia, evoluzione, regole, futuro, Narcissus.me, pp. 77-78.

1.2. Brevetti

Il brevetto è un titolo giuridico che attesta la paternità di un'invenzione e riconosce il diritto esclusivo di sfruttare economicamente la stessa, limitatamente a tempi e paesi ben definiti. Al detentore di brevetto è conferito un monopolio temporaneo inerente al mercato della sua invenzione e consistente nel diritto esclusivo di realizzare, di disporre e di commercializzare la stessa, vietando tali attività ad altri soggetti non autorizzati. Per invenzione s'intende un'innovazione tecnica, ovvero l'ideazione di oggetti, dispositivi, prodotti o strumenti nuovi e originali che contribuiscono al progresso della conoscenza e delle abilità tecniche. A differenza della scoperta, che concerne l'individuazione di cose o realtà ignorate ma già esistenti, l'invenzione è per lo più legata alla sperimentazione e alla ricerca empirica o scientifica.

Il brevetto e il diritto d'autore sono accomunati dal fatto che sia all'autore, sia all'inventore è riconosciuto il diritto di privativa industriale[1].

---

1 Per diritto di privativa industriale si intende il diritto di sfruttare la propria invenzione riconosciuto dalla legge all'inventore.

In campo informatico la questione della brevettabilità del software è quanto mai spinosa: il software è considerato opera dell'ingegno a carattere creativo e perciò sottoposto alla legge sul diritto d'autore (come libri, musica, film, ecc.); esistono tuttavia gruppi di pressione che esercitano la loro influenza sugli ambienti governativi affinché il software sia assimilato alle invenzioni e per questo brevettabile.

I rischi che comporta il brevetto software sono chiaramente spiegati nella lettera che il presidente della FSF, Richard Stallman, inviò nel 2005 ai parlamentari italiani, di cui di seguito si riporta un estratto (tradotto):

> «A differenza del copyright, che protegge la descrizione dell'intero programma ma non le singole idee che lo compongono, la brevettabilità del software consentirebbe un monopolio sull'uso di tecniche generiche. Un programma complesso è la combinazione di migliaia di queste tecniche. In un paese in cui è permessa la brevettabilità di ognuna di queste tecniche, un programma complesso può infrangere centinaia di brevetti in un colpo solo. (Linux, il kernel usato per il sistema operativo GNU, secondo uno studio svolto lo scorso anno infrange 283 brevetti USA). Come sono queste tecniche? Consideriamo la "barra progressiva" che gradualmente passa dallo 0% al 100% per mostrare il

progresso di un programma nel compiere una determinata operazione. Questa tecnica è una piccola parte contenuta in migliaia di programmi software che svolgono differenti funzioni. Persino questa tecnica è stata brevettata all'Ufficio Europeo dei Brevetti, insieme ad altre 50.000, a dispetto dello stesso trattato costitutivo dell'Ufficio Europeo dei Brevetti. Qualora la Direttiva del Unione Europea desse un valore legale a questi brevetti, gli sviluppatori e gli utilizzatori di migliaia di programmi potrebbero andare incontro ad azioni legali.

Un programma è come un romanzo: una raccolta di dettagli che insieme sviluppano molte idee. Immaginate cosa accadrebbe se ogni idea letteraria venisse brevettata, per esempio "una scena d'amore con una donna sul balcone" o "gli occhi blu di una persona che assomigliano al mare". Chiunque scriva un romanzo potrebbe violare diverse centinaia di brevetti; se uno scrittore scrivesse con la preoccupazione di essere incriminato difficilmente scriverebbe un buon romanzo. Non è questo il modo di promuovere la scrittura né dei romanzi, e né dei programmi software.»[1]

---

1 La versione originale e integrale della lettera di Stallman è consultabile all'indirizzo Internet <www.interlex.it/copyright/stallman.htm>.

2. La Sfida del Movimento FOSS

Strumenti di protezione delle idee come copyright e brevetti sono dunque divenuti i nuovi feticci dell'economia capitalista, senza tuttavia, portare obiettivi vantaggi ai settori più strategici per la collettività.[1] In questo scenario il movimento FOSS rappresenta un unicum che, sia pure limitatamente al campo informatico, dimostra che lo sviluppo sociale non necessita dei vincoli imposti dalla proprietà intellettuale e che è possibile costruire una soluzione alternativa alla privatizzazione delle idee, senza penalizzare la competitività sia tecnologica, sia economica. Quest'ultima affermazione trova conferma anche in un'indagine di SUSE[2] realizzata nel 2013 su 167 organizzazioni, operanti nel settore IT[3], con almeno 500 dipendenti e appartenenti a vari mercati verti-

---

1 Cfr. Shiva, Vandana (Londra 2001), Protect or Plunder? – Understanding Intellectual Property Rights, Zed Books.

2 SUSE Linux è un sistema operativo GNU/Linux di origine tedesca, la cui prima versione è stata rilasciata nel 1994, cosa che ne fa la più longeva distribuzione GNU/Linux commerciale. Nel 2003 SUSE è stata acquisita da Novell che attualmente ne gestisce lo sviluppo.

3 La sigla IT sta per Information Technology (tecnologia dell'informazione) e indica l'insieme delle infrastrutture e degli strumenti elettronici impiegati per l'automazione dei processi di gestione e trattamento delle informazioni.

cali[1]. Dallo studio è emerso che l'83% delle realtà esaminate utilizza una distribuzione[2] GNU/Linux per i propri server e oltre il 40% lo utilizza come sistema operativo primario [Grafico 4].

---

1 Un mercato verticale è un mercato altamente specializzato in un settore. Per i prodotti industriali si parla di mercato verticale in riferimento a un solo ramo d'industria e di mercato orizzontale quando il prodotto è impiegato da numerosi rami d'industria.

2 Una distribuzione GNU/Linux è una collezione di programmi, rilasciati in un unico pacchetto, che costituisce un sistema operativo basato sulla famiglia dei sistemi utilizzanti un kernel Linux, spesso corredato da elementi del progetto GNU. Tali distribuzioni appartengono alla famiglia dei sistemi operativi cosiddetti Unix-like, cioè progettati seguendo le direttive dei sistemi Unix descritte nella Single UNIX Specification (definizione collettiva degli standard Unix), ma che per questioni legali non possono usare il marchio UNIX.

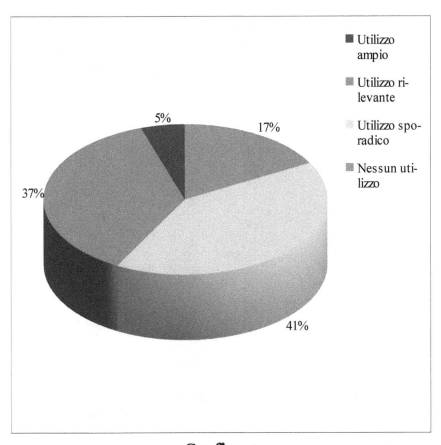

Utilizzo ampio

Utilizzo rilevante

Utilizzo sporadico

Nessun utilizzo

5% 17%

37%

41%

Grafico 4
Uso di Linux sui server delle organizzazioni esaminate
nell'indagine SUSE
(Fonte: Novell)

Dall'indagine risulta inoltre che le organizzazioni intervistate utilizzano GNU/Linux o hanno in programma di utilizzarlo entro dodici mesi per la gestione di web server (90%), per la gestione di un database Oracle[1] (69%) o non Oracle (62%), per l'ar-

---

1 Oracle è uno tra i più famosi sistemi per la gestione dei database (o base di dati), scritto in linguaggio C e prodotto dalla Oracle Corporation. Appartiene alla → a pag.60

chiviazione dati (62%), per sistemi di business intelligence[2] (62%), per applicativi verticali[3] (51%), per applicativi di CRM[4] (42%), per applicativi SAP ERP[5] (31%) o ERP non SAP (31%) [Grafico 5].

[↑] da pag.59 categoria dei database basati sul modello relazionale.

2 La locuzione business intelligence indica un insieme di processi aziendali tesi a raccogliere e analizzare dati per produrre la conoscenza necessaria a facilitare i processi decisionali.

3 Gli applicativi verticali sono dei software studiati per le esigenze di uno specifico settore, come per esempio un software per la fatturazione aziendale. Al contrario gli applicativi orizzontali sono pensati per esigenze di uso generale.

4 La sigla CRM sta per Customer Relationship Management (gestione delle relazioni coi clienti) e indica una strategia di marketing diretta a fidelizzare i clienti di un'azienda.

5 L'applicazione SAP ERP è un sistema Enterprise Resource Planning (ERP) prodotto dalla SAP AG. I sistemi ERP, anche detti sistemi gestionali integrati, servono per gestire in modo integrato tutte le funzioni di un'organizzazione (produzione, acquisti, vendite, ecc.).

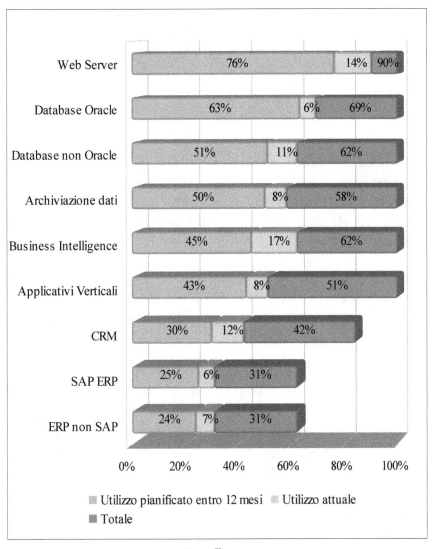

Grafico 5
Applicativi sui server Linux delle organizzazioni esaminate
nell'indagine SUSE
(Fonte: Novell)

2.1. La GNU General Public License

La GNU General Public License, o semplicemente GPL, è una licenza d'uso che si applica al software libero e costituisce un documento legale che regola le modalità di distribuzione del software a essa associato.

La GPL, nata da un'idea di Richard Stallman, fu redatta nel 1989 da Eben Moglen, docente di legge e storia legale presso la Columbia Law School di New York e dallo stesso Stallman.

In origine la GPL aveva l'unico scopo di consentire che i programmi creati nel conteso del progetto GNU non ricadessero nel dominio del software proprietario. Fu solo in un secondo tempo che l'ambito di applicazione della licenza si estese aldilà dei confini della FSF, al fine di evitare che tutto il Free Software potesse divenire oggetto di comportamenti opportunistici, tesi a massimizzare i benefici individuali a scapito del bene collettivo.

La GPL dunque non è una semplice licenza d'uso ma anche il manifesto politico della Free Software Foundation, i cui termini prevedono che tutto il software rilasciato sotto di essa goda della massima libertà possibile e possa essere utilizzato, condiviso e modificato da chiunque ne abbia necessità, tanto dal privato cittadino quanto dalle organizzazioni o dalle aziende. In particolare, l'esecuzione di software coperto da GPL non prevede alcuna limitazione di sorta, e può essere utilizzato finanche come strumento per la creazione di software proprietario.[1] Inoltre non vi sono limitazioni neppure per quanto riguarda la distribuzione a pagamento di copie del software. La distribuzione del software tuttavia non può avvenire senza il codice sorgente integrale.

La GPL non solo è la progenitrice delle licenze copyleft, essendo la prima licenza che la FSF ha reso pubblica e dalla quale discendono tutte le altre licenze Free Software, ma è anche la più utilizzata in assoluto [Grafico 6]. Si può dire inoltre che rappresenti la concretizzazione ideale del concetto di copyleft, poiché di fatto non esiste a tutt'oggi software che possa definirsi autenticamente libero e che al contempo utilizzi una licenza d'uso in contraddizione con la sostanza pratica e giuridica della GPL.

---

1 L'esempio più tipico di software rilasciato sotto GPL che può essere utilizzato come strumento per la creazione di software proprietario è dato da GCC (GNU Compiler Collection, in origine GNU C Compiler), un compilatore creato da Richard Stallman, nell'ambito del progetto GNU.

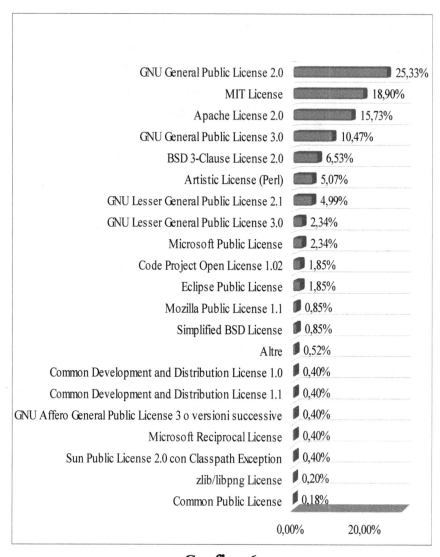

Grafico 6
Principali licenze FOSS
(Fonte: Black Duck Software)

2.2. Copyleft

Il vocabolo copyleft, da un punto di vista linguistico, nasce come gioco di parole basato sul parziale rovesciamento semantico del suo antagonista ideologico, il termine copyright. Quest'ultimo infatti deriva dall'unione delle parole inglesi copy e right che significano rispettivamente copia e diritto, da cui, tradotto letteralmente, abbiamo diritto di copia. In lingua inglese però right può significare sia diritto, inteso in senso legale, sia destra. È proprio da questa ambivalenza che scaturisce il gioco di parole per cui right, destra, si trasforma nel suo contrario left, cioè sinistra, e coerentemente copyright si trasforma nel suo opposto copyleft. Anche il logo del copyleft è stato ironicamente scelto da Richard Stallman come simbolo del rovesciamento del diritto d'autore [Illustrazione 4].

Il copyleft è un modello di gestione dei diritti d'autore che, attraverso una serie di licenze d'uso (la GPL è solo una di esse), consente all'autore di un'opera (non necessariamente software) di lasciare ai fruitori della stessa la libertà di utilizzarla, diffonderla e anche di modificarla, a patto che ciò avvenga nel rispetto delle condizioni stabilite.

Illustrazione 4
Il logo del copyleft
(Autore: Zachary Harden)

In campo informatico, la principale discriminante fra una licenza copyleft e una licenza non copyleft risiede nel presupposto che il licenziante, cioè l'autore dell'opera o colui che detiene i diritti sul l'opera, e il licenziatario, cioè il fruitore dell'opera, si assumano determinati obblighi reciproci. Per quanto riguarda il licenziante gli obblighi cui deve tenere fede consistono nella cessione a titolo gratuito del diritto di accedere al codice sorgente, di copiare, di modificare, di distribuire o di redistribuire il software, mantenendo per sé solo i diritti morali sull'opera. Il licenziatario, invece, qualora voglia distribuire o redistribuire copie del software modificate o non modificate che siano, è obbligato a farlo con la medesima licenza d'uso dell'opera originaria o per lo meno, nei casi previsti, con una nuova licenza che però mantenga un regime giuridico compatibile con la licenza originaria.

3. Classificazione delle Licenze FOSS

Esistono vari modi per classificare le licenze FOSS, quello descritto nelle pagine seguenti si basa su una duplice chiave di lettura che considera sia le differenze funzionali, sia le differenze storiche delle varie licenze, in accordo con quanto sostiene Mikko Välimäki[1] nel saggio The Rise of Open Source Licensing[2].

Sul piano delle differenze funzionali, in accordo con il criterio di distinzione adottato dalla FSF, possiamo identificare tre distinte tipologie di licenze:

- Licenze a copyleft forte, o semplicemente licenze forti;

- Licenze a copyleft debole, o semplicemente licenze deboli;

- Licenze permissive.

Sul piano delle differenze storiche invece possiamo identificare quattro distinte tipologie di licenze:

---

1 Mikko Välimäki è professore alla Facoltà di Scienze e Tecnologie dell'Università di Aalto, in Finlandia.
2 Cfr. Välimäki, Mikko (Helsinki 2005), The Rise of Open Source Licensing – A Challenge to the Use of Intellectual Property in the Software Industry, Turre Publishing, pp. 117-121.

- Licenze GNU (GNU's Not Unix);
- Licenze accademiche (academic);
- Licenze comunitarie (community);
- Licenze aziendali (corporate).

3.1. Differenze Funzionali delle Licenze FOSS

La dicotomia fra "copyleft forte" e "copyleft debole" è una conseguenza del modo in cui ciascuna licenza definisce il diritto di modificare il codice sorgente, al fine di creare opere derivate od opere combinate; dove in linea di massima si intende per "opera derivata" un'opera creata a partire da un software preesistente e che quindi ne include alcuni aspetti e per "opera combinata" un'opera prodotta dalla combinazione o il collegamento di un'applicazione con una libreria software[1].

Le licenze forti sono quelle che impongono al licenziatario di distribuire sia le opere derivate, sia le opere combinate sotto la medesima licenza di partenza, di modo che si preservino tutte le libertà che accompagnano il software originario.

Le licenze deboli invece sono quelle che per le opere derivate mantengono i medesimi termini di distri-

---

1 Una libreria software è un insieme di funzioni o strutture dati predefinite e predisposte per essere collegate a un programma software. L'obiettivo delle librerie è facilitare lo sviluppo del software, consentendo al programmatore il riuso di codice (cioè invocare parti di codice preesistenti), evitandogli di dover riscrivere ogni volta le medesime porzioni di codice.

buzione del software originario, adottando cioè la medesima politica delle licenze forti, mentre per le opere combinate consentono anche la distribuzione con una licenza diversa da quella originaria, rischiando persino di rendere il prodotto finale non più libero. La ragione di essere di questo tipo di licenze risiede nel fatto che nascono sostanzialmente per la distribuzione delle librerie software.

Accanto alle licenze copyleft un'altra importante categoria funzionale è quella delle licenze permissive. A questa categoria appartengono le licenze FOSS che non si ispirano ai principi del copyleft. Si tratta di licenze che pongono meno restrizioni sulla redistribuzione del software, indipendentemente dalle eventuali modifiche a esso apportate.

Una licenza permissiva concede al licenziatario, oltre ai tipici diritti associati all'utilizzo di Free Open Source Software (copiare, modificare, ecc.), anche la possibilità di redistribuire sia le opere combinate, sia le opere derivate senza il codice sorgente, con una licenza diversa da quella originaria, finanche proprietaria, e addirittura applicare un brevetto software [Illustrazione 5].

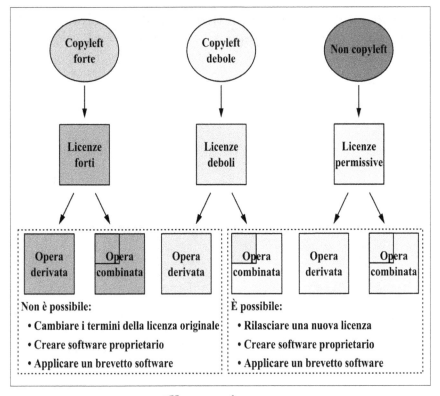

Illustrazione 5
Differenze funzionali fra licenze FOSS
(Illustrazione dell'autore)

Le licenze permissive di primo acchito possono apparire come una sorta di corpo estraneo nella realtà organica del Free Open Source Software, in special modo se giustapposte alle licenze che rispettano il copyleft. Nondimeno la loro esistenza è giustificata da ragioni storiche: questo tipo di licenza, infatti, in origine era adottato negli ambienti accademici affinché fosse garantita una rapida diffusione degli standard. Buona parte delle licenze permissive, difatti, coincide con le licenze definite accademiche, secondo la metodologia di classificazione storica.

3.2. Differenze Storiche delle Licenze FOSS

La classificazione delle licenze FOSS secondo criteri storici non tiene conto delle differenze funzionali, ma delle modalità che sottendono lo sviluppo di queste licenze, dando loro una spiccata inclinazione a tenere conto anche degli aspetti non strettamente legati ai diritti inerenti il codice sorgente e il copyright. Da questo punto di vista si distinguono quattro tipologie di licenze.

- Alla prima tipologia appartengono le licenze GNU, le quali sono riconducibili a Richard Stallman e alla Free Software Foundation. Sono contraddistinte da una forte impronta ideologica, che a volte ne causa l'incompatibilità con le licenze Open Source, vale a dire con le licenze rilasciate dalla OSI.

- Alla seconda tipologia appartengono le licenze accademiche (academic), le quali sono identificabili con le licenze nate nelle università statunitensi, come ad esempio la Berkeley Software Distribution License e la Massachusetts Institute of Technology License, entrambe ampiamente utilizzate per favorire lo sviluppo di alcune delle più importanti infrastrutture della rete Internet, per esempio: la prima, per i protocolli[1] TCP/IP[2], il server[3] DNS[4] BIND[5], il server di posta elettronica[6] Sendmail; la seconda, per il protocollo

---

1 Un protocollo di rete è un insieme di regole stabilite che consentono la comunicazione tra diversi computer.

2 La sigla TCP/IP (Transmission Control Protocol/Internet Protocol) indica i due principali protocolli (TCP e IP) su cui si basa il funzionamento della rete Internet.

3 Un server è un computer di elevate prestazioni che in una rete fornisce un servizio agli altri elaboratori collegati, detti client.

4 La sigla DNS (Domain Name System) indica un sistema di denominazione dei computer e dei servizi di rete che consente d'individuare la corrispondenza fra l'IP (Internet Protocol), cioè l'indirizzo numerico, e l'URL (Uniform Resource Locator), cioè il nome mnemonico delle macchine collegate a una rete o più in particolare alla rete Internet; per esempio, l'URL del motore di ricerca Google è www.google.com, mentre il suo l'indirizzo IP è 216.58.210.196.

5 BIND (Berkeley Internet Name Domain, in precedenza Berkeley Internet Name Daemon) è il server DNS più usato su Internet, specialmente sui sistemi Unix e derivati, sui quali è lo standard di fatto.

6 Un server di posta elettronica, in inglese mail server, detto anche MTA (Mail Transfer Agent) è un computer su cui è eseguito un software che si occupa della ricezione, lo smistamento e la distribuzione dei messaggi di posta elettronica. Si contrappone al client di posta, in inglese mail user agent, che è il software installato sulla macchina dell'utente finale e attraverso cui quest'ultimo gestisce la propria posta elettronica.

FTP[1]. Tutte tecnologie che grazie alla permissività di questo tipo di licenze sono diventate degli standard di fatto.

- Alla terza tipologia appartengono le licenze comunitarie (community), le quali in linea generale hanno avuto origine dai principali progetti Free Software e hanno acquistato popolarità grazie alle implementazioni Unix e a Internet. La più popolare è la AL (Artistic License), che in origine accompagnava solo la distribuzione del linguaggio di programmazione Perl. La AL è anche la licenza maggiormente permeata dalla cultura hacker, nonché la più nota sotto il profilo giuridico per i problemi d'interpretazione dovuti all'approssimazione di alcune sue clausole. Un'altra licenza molto popolare è la ASL (Apache Software License) che in principio serviva solo per la distribuzione del web server Apache, sviluppato dalla Apache Software Foundation.

- Alla quarta e ultima tipologia appartengono le licenze aziendali (corporate), le quali iniziano a nascere sul finire degli anni novanta del XX secolo, quando la crescente popolarità del software Open Source spinse alcune importanti aziende infor-

---

1 La sigla FTP (File Transfer Protocol) indica un protocollo di rete standard utilizzato per trasferire file da un computer all'altro tramite Internet.

matiche a creare delle proprie licenze. La prima e più importante licenza aziendale fu rilasciata da Netscape nel 1998, quando rese pubblico il codice sorgente del suo celeberrimo web browser[1]. In seguito altre aziende crearono licenze per le loro specifiche esigenze, fra cui: IBM (Common Public License), Apple (Apple Public Source License) e SUN (Sun Public License e Sun Industry Standards Source License[2]). Le licenze aziendali riversano particolare attenzione sugli aspetti legati ai brevetti, al copyright e ai marchi commerciali, differenziandosi per questo dalle altre licenze FOSS in cui abitualmente questi aspetti sono assenti.

Le tre più popolari licenze sono la GPL, la MIT e la Apache, le quali appartengono rispettivamente alle tipologie GNU, accademica (academic) e comunitaria (community). Nel corso degli anni, tuttavia, è cresciuta anche la popolarità delle licenze aziendali (corporate) [Tabella 2].

---

1 Un web browser è un programma che consente di navigare in Internet.
2 La Sun Industry Standards Source License non esiste più, è stata ritirata.

Tabella 2
Differenze funzionali e storiche delle più popolari licenze FOSS
(Disamina dell'autore)

Licenza più diffuse	Funzionalità	Origine storica
General Public License	Licenza forte	GNU
MIT License	Licenza permissiva	Accademica
Apache License	Licenza permissiva	Comunitaria
BSD License	Licenza permissiva	Accademica
Artistic License	Licenza permissiva	Comunitaria
Lesser General Public License	Licenza debole	GNU
Microsoft Public License	Licenza debole	Aziendale
Eclipse Public License	Licenza debole	Comunitaria
Code Project Open License	Licenza permissiva	Comunitaria
Mozilla Public License	Licenza debole	Aziendale
Common Development and Distribution License	Licenza debole	Aziendale
Microsoft Reciprocal License	Licenza debole	Aziendale

Affero General Public License	Licenza forte	GNU
Sun public License	Licenza debole	Aziendale
zlib/libpng License	Licenza permissiva	Comunitaria
Common Public License	Licenza debole	Aziendale

Licenze meno diffuse	Funzionalità	Origine storica
Public domain	Licenza permissiva	Comunitaria
Q Public License	Licenza permissiva	Aziendale
Open Software License	Licenza debole	Comunitaria
Python License	Licenza permissiva	Comunitaria
Academic Free License	Licenza permissiva	Comunitaria
Apple Public Source License	Licenza debole	Aziendale

4. Proliferazione di Licenze

L'espressione proliferazione di licenze indica la crescita smisurata del numero di licenze d'uso, originata dal comportamento di diverse aziende informatiche che operano nel campo del Software Libero, le quali molto spesso, per accompagnare la distribuzione del loro software, preferiscono scrivere una licenza ad hoc, anziché riutilizzare una licenza preesistente.

La proliferazione di licenze è un problema molto sentito nella comunità degli sviluppatori di software libero, per via degli enormi danni che questo fenomeno comporta: al crescere del numero delle licenze, infatti, cresce anche la probabilità che si verifichino incompatibilità fra di esse. La principale conseguenza di ciò è che qualora uno sviluppatore avesse necessità di combinare porzioni di codice rilasciate sotto differenti licenze, potrebbe trovarsi nell'impossibilità legale di farlo, nel senso che una siffatta operazione potrebbe comportare la violazione dei termini giuridici di una o più licenze.

Un'altra rovinosa conseguenza della proliferazione di licenze è l'aggravio economico per le aziende, le quali, per districarsi nella giungla delle licenze

FOSS, sono costrette loro malgrado a pagare degli esperti, generalmente avvocati.

La maggiore responsabile della proliferazione di licenze è senza dubbio la Open Source Initiative, la quale ha approvato svariate decine di licenze d'uso. In questo momento (dicembre 2014) le licenze approvate sono settanta [Tabella 3] e molte altre sono in via di approvazione.

Tabella 3
Licenze approvate dalla Open Source Initiative
(Fonte: OSI – Open Source Initiative)

Licenze dalla "A" alla "L"	Licenze dalla "M" alla "Z"
Academic Free License 3.0	Microsoft Public License
Adaptive Public License	Microsoft Reciprocal License
Affero GNU Public License	MirOS License
Apache License 2.0	MIT License
Apple Public Source License	Motosoto License
Artistic License 2.0	Mozilla Public License 2.0
Attribution Assurance Licenses	Multics License
Boost Software License	NASA Open Source Agreement 1.3
BSD 2-Clause	Naumen Public License
BSD 3-Clause	Nethack General Public License
CeCILL License 2.1	Nokia Open Source License

CNRI Python License	Non-Profit Open Software License 3.0
Common Development and Distribution License 1.0	NTP License
Common Public Attribution License 1.0	OCLC Research Public License 2.0
Computer Associates Trusted Open Source License 1.1	Open Font License 1.1
CUA Office Public License 1.0	Open Group Test Suite License
Eclipse Public License 1.0	Open Software License 3.0
Educational Community License 2.0	PHP License 3.0
Eiffel Forum License 2.0	Python License 2.0
Entessa Public License	Q Public License
EU DataGrid Software License	RealNetworks Public Source License 1.0
European Union Public License 1.1	Reciprocal Public License 1.5
Fair License	Ricoh Source Code Public License
Frameworx License	Simple Public License 2.0
GNU Affero General Public License 3.0	Sleepycat License
GNU General Public License 2.0	Sun Public License 1.0
GNU General Public License 3.0	Sybase Open Watcom Public License 1.0
GNU Lesser General Public License 2.1	The PostgreSQL License

GNU Lesser General Public License 3.0	University of Illinois/NCSA Open Source License
Historical Permission Notice and Disclaimer	Vovida Software License 1.0
IBM Public License 1.0	W3C License
IPA Font License	wxWindows Library License
ISC License	X.Net License
LaTeX Project Public License 1.3c	zlib/libpng License
Lucent Public License 1.02	Zope Public License 2.0

Questa pletora di licenze tuttavia nella maggioranza dei casi non ha introdotto elementi autenticamente innovativi. Una parte consistente delle licenze approvate dalla OSI, infatti, è costituita da varianti o combinazioni di licenze già esistenti, riproposte in una nuova veste su specifiche richieste delle aziende.

4.1. Vanity License

L'espressione vanity license (letteralmente licenze per vanità), che in italiano potrebbe essere reso, non senza una forzatura, come licenza personalizzata, è utilizzata per indicare le licenze FOSS scritte da un'azienda o da una persona, senza una ragione valida, se non la soddisfazione del proprio ego.

La vanity license rappresenta un altro aspetto legato al problema della proliferazione di licenze. Di primo acchito, la pratica di creare licenze personalizzate potrebbe essere svilita a semplice fenomeno di costume, o forse sarebbe meglio dire di malcostume, nondimeno la sua diffusione non è completamente scevra di problematiche, poiché contribuisce ad accrescere il rischio d'incompatibilità fra licenze.

La maggior parte delle vanity license non sono approvate né dalla FSF né dalla OSI, tuttavia quest'ultima è responsabile di alcune vanity license originate in contesti aziendali. In tal senso l'esempio più pregnante, stando a un'opinione piuttosto diffusa nella comunità FOSS, è la CDDL[1] (Common Development and Distribution License) sviluppata da Sun

---

1 La CDDL si basa sulla MPL (Mozilla Public License) versione 1.1.

Microsystems e approvata dalla OSI nel gennaio del 2005.

In linea generale è possibile identificare una vanity license attenendosi al mero buonsenso: quando una nuova licenza non presenta migliorie o differenze significative rispetto a un'altra licenza FOSS più comune è una vanity license.

PARTE III:
IL FOSS TRA VERITÀ E MENZOGNE

1. Disinformazione sul FOSS

Il FOSS è spesso accompagnato da una serie di pregiudizi che sono fonte di equivoci come l'errata credenza che la comunità degli sviluppatori non sarebbe composta da professionisti ma essenzialmente da volontari appassionati di programmazione, vale a dire da una sorta di "abili dilettanti", che in quanto tali non sarebbero in grado di offrire prodotti che abbiano le medesime caratteristiche di professionalità del software proprietario. Tuttavia ciò non corrisponde alla piena verità, poiché, sebbene sia innegabile che gli sviluppatori volontari rappresentino una parte significativa della comunità, bisogna tenere presente che attorno al FOSS ruotano diverse aziende che collaborano allo sviluppo, al mantenimento e al miglioramento del software, direttamente o incentivando i propri dipendenti. In tal senso un esempio molto significativo è dato dal kernel Linux, che ha fra i principali contributori alcune delle più importanti aziende informatiche a livello mondiale [Tabella 4].

Tabella 4
I trenta principali contributori del kernel Linux nel 2013
(Fonte: Linux Foundation)

Azienda	Cambi apportati	Totale
1. Nessuna azienda	12550	13,6%
2. Red Hat	9483	10,2%
3. Intel	8108	8,8%
4. Texas Instruments	3814	4,1%
5. Linaro	3791	4,1%
6. SUSE	3212	3,5%
7. Azienda sconosciuta	3032	3,3%
8. IBM	2858	3,1%
9. Samsung	2415	2,6%
10. Google	2255	2,4%
11. Vision Engraving Systems	2107	2,3%
12. Consultants	1529	1,7%
13. Wolfson Microelectronics	1516	1,6%
14. Oracle	1248	1,3%
15. Broadcom	1205	1,3%
16. NVidia	1192	1,3%
17. Freescale	1127	1,2%
18. Ingics Technology	1075	1,2%
19. Renesas Electronics	1010	1,1%
20. Qualcomm	965	1,0%

21. Cisco	871	0,9%
22. The Linux Foundation	840	0,9%
23. Academics	831	0,9%
24. AMD	820	0,9%
25. Inktank Storage	709	0,8%
26. NetApp	707	0,8%
27. LINBIT	705	0,8%
28. Fujitsu	694	0,7%
29. Parallels	684	0,7%
30. ARM	664	0,7%

Un altro equivoco piuttosto diffuso riguarda la distinzione tra standard aperto (open standard), formato aperto (open format) e la loro relazione con il paradigma del sorgente aperto (open source). È perciò utile chiarire innanzi tutto cosa si intenda per standard e formato:

- Standard indica un insieme di norme fissate da enti preposti, al fine di ottenere un modello di riferimento a cui uniformarsi (standardizzazione);

- Formato indica la convenzione che viene usata per leggere, scrivere e interpretare i contenuti di un file.

Ciò premesso, le definizioni di standard aperto sono più di una e possono risultare persino discordanti fra loro, a seconda della fonte di riferimento; tuttavia le definizioni maggiormente autorevoli convengono su alcuni elementi di fondo. Di seguito si riporta una sintesi dei punti in comune fra la definizione di standard aperto data dall'Unione Europea nel documento European Interoperability Framework (EIF) e quella data dalla ITU-T (International Telecommunication Union – Telecommunication Standardization Bureau):[1]

- Il protocollo o il formato deve essere adottato e mantenuto da un ente di standardizzazione che opera in ottica non proprietaria;

- La documentazione con le specifiche dello standard deve essere di pubblico dominio e sufficientemente esaustiva;

- La procedura decisionale che porta all'approvazione dello standard deve essere aperta a tutti i soggetti interessati;

- Lo standard deve essere libero da restrizioni legali riguardanti il loro utilizzo e disponibile in forma gratuita.

I formati aperti invece sono generalmente un sottoinsieme degli standard aperti e si distinguono dai formati proprietari per il fatto che, a differenza di

---

1 Cfr. Commissione Europea, European Interoperability Framework (EIF) for European public services, <ec.euro pa.eu/isa/documents/isa_annex_ii_eif_en.pdf>; ITU-T – International Telecommunication Union – Telecommuni cation Standardization Bureau, Definition of "Open Standards", <www.itu.int/en/ITU-T/ipr/Pages/open.aspx >.

questi ultimi, le loro specifiche tecniche sono pubbliche, cosa che consente di descrivere e archiviare i dati digitali in maniera totalmente trasparente. A volte un formato aperto può essere gestito da un ente di standardizzazione, quando si verifica una siffatta eventualità, il formato aperto coincide con lo standard aperto; altre volte invece può succedere che il formato aperto non sia riconducibile ad alcuno standard o anche che lo standard aperto non faccia capo ad alcun formato aperto. [Tabella 5].

Tabella 5
Esempi di standard aperti e formati aperti a confronto
(Disamina dell'autore)

Nome	Descrizione	Standard aperto	Formato aperto	Ente di standar-dizzazione
Ada	Linguaggio di programma-zione	Sì		ISO/ANSI
C#	Linguaggio di programma-zione	Sì		ISO/ECMA
HTML	Linguaggio di markup	Sì	.html	W3C
IP	Protocollo di rete	Sì		IETF
JPEG	Metodo di compressione per immagini	Sì	.jpeg | .jpg | .jfif | .jpe	ISO/CCITT

ODF	Documenti ufficio	Sì	.odp (presentazioni) | .ods (fogli di calcolo) | .odt (documenti di testo)	ISO
Ogg	Formato contenitore audio/video	No	.ogg	
PCI	Specifica di Intel Corporation per l'attacco di schede ai PC con architettura IBM	Sì		ISO
PDF	Formato file per lo scambio di documenti elettronici	Sì	.pdf	ISO
PNG	Metodo di compressione per immagini	Sì	.png	ISO/IETF
SVG	Formato file immagini vettoriali	No	.svg	
TCP	Protocollo di rete	Sì		IETF

TXT	Formato file testo semplice	No	.txt	
WWW	Architettura del World Wide Web	Sì		W3C
XHTML	Linguaggio di markup	Sì	.xhtml	W3C
XML	Linguaggio di markup	No	.xml	

Non mancano inoltre casi di formati aperti sviluppati da società private che in seguito hanno deciso di rendere pubbliche le specifiche tecniche dei propri formati. Il caso più noto in tal senso è quello del formato PDF (Portable Document Format): sviluppato nel 1993 dall'azienda Adobe Systems; divenuto in seguito un formato aperto e uno standard aperto de facto[1], grazie alla diffusione pubblica delle sue specifiche tecniche; e infine nel 2007 approvato dalla International Organization for Standardization (ISO) divenendo uno standard aperto de iure[2].

Può accadere anche che applicazioni di software proprietario facciano uso di formati aperti o che applicazioni FOSS gestiscano formati proprietari, per

---

1 L'espressione standard de facto (standard di fatto) viene usata per indicare i protocolli o i formati le cui specifiche sono di pubblico dominio, ma non sono mai state normate da un ente preposto; al contrario quando subentra l'approvazione di un ente si ha uno standard de iure (standard per legge).
2 Vd. nota precedente.

esempio: il linguaggio di markup[1] HTML è alla base sia di browser proprietari come Microsoft Internet Explorer, sia FOSS come Mozilla Firefox; mentre le suite per ufficio Apache OpenOffice e LibreOffice possono manipolare il formato proprietario di Microsoft Word (.doc).

La madre di tutti gli equivoci sul FOSS è la sua presunta gratuità. Nell'immaginario collettivo infatti si è diffuso il falso mito che il Free Software sia anche gratuito. Indubbiamente a volte lo è, tuttavia la gratuità non rappresenta affatto una condicio sine qua non.

La ragione di questa errata credenza se da una parte è di natura semantica, poiché l'aggettivo "free" può significare sia libero, sia gratuito, dall'altra è frutto dell'opera di detrazione messa in atto da gruppi di pressione, che, spinti da interessi economici, cercano di ostacolare il progetto della Free Software Foundation, strumentalizzando, fra le altre cose, questa ambiguità della lingua inglese e consentendo all'equivoco di diffondersi. In tal senso è celebre un divertente aforisma del fondatore della FSF, Richard Stallman:

---

1 Un linguaggio di markup è un insieme di regole che descrivono i meccanismi di rappresentazione di un testo, utilizzabili su più supporti grazie all'utilizzo di convenzioni standardizzate.

«*Free software is a matter of liberty, not price. To understand the concept, you should think of "free" as in "free speech" not as in "free beer"»[1]

La possibilità di creare profitto attraverso software di cui non si dispone dei diritti di proprietà può sembrare un'impresa impossibile, eppure esistono aziende che investono con successo nel FOSS, ottenendo significativi riscontri economici e creando opportunità di lavoro, come per esempio Red Hat Inc. che dà lavoro a 6500 dipendenti e nel 2014 ha avuto un utile netto di 178.292.000 dollari USA.[2] Le aziende come Red Hat Inc. guadagnano grazie all'utilizzo di modelli commerciali alternativi che prevedono, per esempio, non la vendita del software, ma di servizi a valore aggiunto che accompagnano la distribuzione di quest'ultimo.

---

1 Cit. Gay, Joshua op. cit., p. 43.
2 Cfr. Red Hat Inc., Financial Statements, <investors.red hat.com/financials-statements.cfm>.

Traduzione

* «Il software libero è una questione di libertà, non di prezzo. Per capire il concetto, bisognerebbe pensare alla parola "libero" come in "libertà di parola", non come in "birra gratis" [N.d.T. Free in inglese significa sia libero sia gratis]»

1.1. Principali Modalità di Guadagno con il FOSS

Il valore di un prodotto software è legato al suo valore d'uso più di quanto sia intuitivamente comprensibile. Non a caso sono sempre di più le aziende che fanno della fornitura di servizi il proprio punto di forza, spinte dall'andamento positivo di questo settore, come dimostra il crescente successo del colosso informatico Google Inc. [Grafico 7].

Per questa ragione, è proprio sfidando il software commerciale sul terreno del software as a service[1] che il FOSS può divenire un temibile avversario. Il FOSS, infatti, per sua intrinseca natura, è vocato a offrire un servizio e non a essere venduto.

---

1 Il software as a service (detto anche software on demand) è un modello di distribuzione del software applicativo via Internet, in cui il produttore non fa pagare il software ai propri clienti, ma solo l'utilizzo dello stesso.

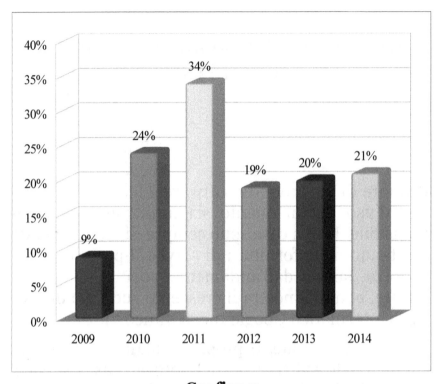

Grafico 7
Crescita annuale dei profitti di Google Inc.
(Fonte: Google Inc.)

Bisogna tenere conto inoltre che il software non costituisce quasi mai un valore in sé: quando un'azienda, o più in generale un utente, acquista una licenza software lo fa anche in base ai servizi offerti dal produttore (supporto tecnico, aggiornamenti, ecc.). L'evidente dimostrazione di quanto appena affermato risiede nel fatto che quando una software house[1] chiude i battenti, o più comunemente cessa il sup-

---

1 Una software house è un'azienda specializzata nella produzione di software.

porto di un software, la totalità degli utenti smette di utilizzare il prodotto privo di supporto.

Per completezza d'informazione, infine, si riporta di seguito una sinossi delle principali modalità di guadagno compatibili con la maggior parte delle licenze d'uso FOSS [Grafico 8].

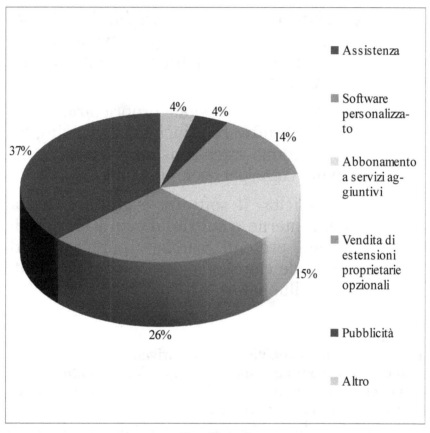

Grafico 8
Modalità di guadagno FOSS più diffuse in base a uno studio del 2013
(Fonte: Sand Hill)

1. Assistenza. Il software è gratuito, ma si paga per avere assistenza professionale.

2. Software personalizzato. Governi e organizzazioni non governative[1] possono assumere sviluppatori che apportino al software modifiche per specifiche esigenze.

3. Abbonamento a servizi aggiuntivi. Il software è gratuito, ma si paga per avere servizi di cloud computing[2], di software as a service, ecc.

4. Vendita di estensioni proprietarie opzionali. Il software principale è gratuito, ma si vendono estensioni proprietarie opzionali,[3] come per esempio i plug-in[4].

5. Pubblicità. Il software è gratuito, ma al suo interno o sul sito da cui è scaricabile sono presenti banner[5] pubblicitari di aziende che sostengono economicamente gli sviluppatori.

---

1 Per esempio università o aziende private.
2 Il cloud computing è una tecnologia che consente, tramite server remoto, di usufruire di risorse software e hardware per l'archiviazione o l'elaborazione di dati.
3 Questo metodo è adottato, per esempio, da Red Hat Enterprise Linux e da Joomla!
4 Un plug-in è un componente software aggiuntivo che può essere installato in un programma principale per espanderne le funzioni.
5 Piccola immagine o animazione inserita in una pagina web a scopo pubblicitario.

6. Creazione di un marchio e vendita di prodotti. Alcune organizzazioni, legate alla comunità FOSS, vendono prodotti con il loro logo (t-shirt, tazze, gadget, ecc.).[1]

7. Donazioni. Gli sviluppatori chiedono agli utenti dei loro programmi delle donazioni non obbligatorie.

8. Incentivi. Gli utenti di un programma possono raccoglie denaro da devolvere agli sviluppatori affinché siano implementate nuove funzionalità del programma.

9. Insegnamento. Gli sviluppatori di programmi particolarmente complessi, dopo averli distribuiti gratuitamente, tengono dei corsi a pagamento per insegnare come si utilizzano.

10. Vendita di contenuti proprietari. Gli sviluppatori distribuiscono liberamente il codice sorgente di un programma, ma non una parte dei contenuti necessari al suo pieno funzionamento,[2] in modo che l'utente debba acquistare il contenuto mancante, per avere un prodotto software completo e funzionante.

---

1 Questo metodo è adottato, per esempio, dalla Mozilla Foundation.
2 Per esempio le sequenze animate di un videogioco.

2. Propaganda Contro Propaganda

Il paradigma del codice sorgente aperto ha scatenato una rivoluzione culturale che ha attirato intorno a sé schiere tanto di scettici quanto di simpatizzanti, all'interno delle quali purtroppo sono nate sacche di autentico fanatismo. Ciò ha di fatto causato uno scontro ideologico che va ben oltre la mera contrapposizione culturale e in cui non manca la propaganda da entrambe le parti: ormai non si contano più le infuocate, e spesso oziose, discussioni nei forum e nei blog della rete Internet.

In un'ottica democratica, la semplice diffidenza nei confronti della filosofia FOSS è legittima, tuttavia i detrattori molto spesso si spingono oltre: alimentano dicerie negative e prive di fondamento o arrivano addirittura a considerare il FOSS un pericolo per la sicurezza e l'economia delle nazioni, come per esempio ha sostenuto l'ex presidente dello SCO Group[1], Darl McBride, in una lettera aperta[2] inviata al "Congresso degli Stati Uniti d'America" l'8 gennaio 2004. Nella comunità FOSS d'altronde le cose non vanno

---

1 SCO Group è una società informatica precedentemente nota come Caldera Systems e Caldera International.
2 Cfr. McBride, Darl, Lettera aperta al "Congresso degli Stati Uniti d'America", 8 Gennaio 2004, <ufies.org/files/sco _hill.pdf>.

tanto diversamente, sia pure per ragioni opposte: molti membri, specie quelli che si riconoscono pienamente nell'operato della Free Software Foundation, assumono troppo spesso un atteggiamento militante che finisce per diventare un abito mentale. A tal proposito è emblematica la figura del presidente della FSF, Richard Stallman, il quale, aldilà degli innegabili meriti, ha assunto nel corso degli anni posizioni sempre più estremiste, tanto che persino all'interno della stessa comunità FOSS le sue esternazioni non sempre sono viste di buon occhio. È noto, per esempio, un suo intervento sulla "OpenBSD-misc mailing list"[1], in cui sostiene che l'utente non dovrebbe avere la libertà di scegliere tra software libero o proprietario e che non dovrebbe esistere nemmeno una società che dà questo tipo di libertà.

È evidente che nel momento in cui da una parte c'è chi considera il FOSS un pericolo per intere nazioni e dall'altra chi lo considera una sorta di "religione laica", ci si trova difronte a due posizioni esasperate. Nondimeno va riconosciuto che non tutti i danni alla reputazione del FOSS sono inflitti dai suoi detrattori, anche la parte più oltranzista dei sostenitori del movimento a volte ci mette del suo, per esempio: alcuni, spinti dall'amore per la causa, tendono a magnificare le innegabili qualità del FOSS glissando colpevolmente sui suoi difetti, che pure esistono,

---

1 Cfr. Stallman, Richard M., Real men don't attack straw men, OpenBSD-misc mailing list, 13 Dicembre 2007, ore 16,52, <marc.info/?l=openbsd-misc&m=119757137225630&w=2>

specie nell'ambito dei sistemi operativi per desktop. Questo modo si agire contribuisce ad accrescere la diffidenza dell'utente informatico medio verso le distribuzioni GNU/Linux. L'utente informatico medio, difatti, proviene quasi sempre da Microsoft Windows, perciò, quando egli migra a una distribuzione GNU/Linux, fosse anche una delle più user-friendly[1] come Ubuntu o Linux Mint, non solo porta con sé un bagaglio tecnico inadeguato, ma suo malgrado si ritrova anche in un ambiente desktop che potrebbe risultargli poco familiare. Caricarlo di aspettative senza avvisarlo delle potenziali difficoltà cui andrà incontro è il modo migliore per fare sì che resti disilluso di fronte una realtà che potrebbe apparirgli oggettivamente meno idilliaca di quanto gli fosse stata dipinta.

Chiaramente la responsabilità della scarsa diffusione delle distribuzioni GNU/Linux in ambito desktop non è imputabile esclusivamente ai comportamenti di una parte della comunità, ma al monopolio detenuto da Microsoft. Tant'è che nei settori in cui non sussiste tale monopolio, GNU/Linux ha conquistato buone quote di mercato: si pensi, per esempio, al settore dei dispositivi mobili dove il 45,86% degli utenti utilizza, spesso senza neppure esserne consapevole, un sistema operativo basato su kernel Linux, Android[2] [Grafico 9].

---

1 L'espressione user-friendly indica un software facile da usare, grazie a una interfaccia grafica (GUI) intuitiva.
2 Android è un sistema operativo per dispositivi mobili, basato su kernel Linux e sviluppato da Google Inc. Android è per la quasi totalità FOSS, con alcune → a pag.105

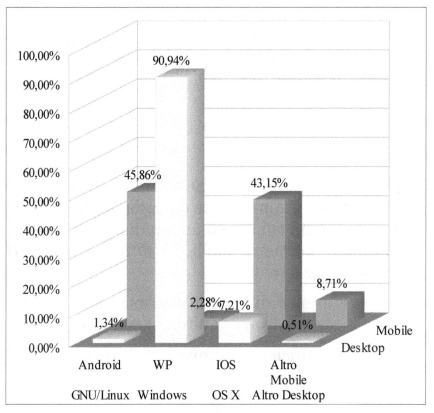

Grafico 9
Confronto fra sistemi operativi desktop e le loro rispettive
versioni per dispositivi mobili, relativamente ai dati sulla
diffusione nel dicembre 2014
(Fonte: Net Applications)

↑ da pag.104 eccezioni come, per esempio, i driver non-li-
beri inclusi per i produttori di dispositivi. È distribuito
sotto i termini della licenza libera Apache 2.0.

2.1. Potenziali Problemi della Migrazione a GNU/Linux

Migrare a un sistema operativo GNU/Linux non è sempre un'operazione esente da complicazioni, i potenziali problemi cui si può andare incontro sono di vario tipo, nondimeno quelli più diffusi sono legati principalmente a tre fattori:

- Carenza di driver[1] e scarsa compatibilità con hardware di ultima generazione;

- Insufficiente compatibilità con standard commerciali e carenza di software commerciale;

- Portabilità del codice binario non garantita.

Molti produttori di hardware non sviluppano driver per GNU/Linux, a causa di ciò diversi dispositivi possono rivelarsi non compatibili. La comunità degli sviluppatori cerca di ovviare a questo problema sviluppando driver FOSS da utilizzare al posto di quelli proprietari, tuttavia questa operazione interessa principalmente i dispositivi che hanno una

---

[1] Un driver costituisce l'insieme delle procedure, spesso scritte in linguaggio Assembly, che permettono a un sistema operativo di gestire un dispositivo hardware.

maggiore diffusione di mercato ed è possibile solo quando i produttori di hardware rilasciano la documentazione tecnica necessaria. Per questa ragione non è sempre facile trovare dispositivi hardware di ultima generazione che siano pienamente compatibili con una distribuzione GNU/Linux.

La massiccia diffusione di software proprietario ha elevato alcuni formati chiusi al rango di standard de facto. La principale conseguenza di ciò è che la compatibilità tra questi ultimi e il FOSS non è pienamente garantita. Indubbiamente esistono soluzioni FOSS in grado di gestire buona parte dei formati proprietari, tuttavia ciò in alcuni casi non basta: si pensi, per esempio, al formato proprietario di Auto-CAD[1] (.dwg), uno standard de facto per il quale non esiste ancora una valida soluzione FOSS che possa gestirlo in una maniera sufficientemente adeguata e rispondente alle esigenze dell'utenza professionale.

Può capitare che differenti distribuzioni di GNU/Linux contengano versioni differenti delle stesse librerie (glibc, Qt, libgtk, ecc.), a causa di ciò la portabilità del codice binario, cioè portare un'applicazione da una distribuzione GNU/Linux a un'altra, può presentare delle difficoltà dovute appunto all'incompatibilità delle librerie. Ovviamente il problema è facilmente aggirabile qualora si tratti di un applicazione FOSS, perché in quel caso basterebbe portare sulla macchina di destinazione solo il codice sorgen-

---

1 AutoCAD è il primo software CAD (Computer Aided Design) sviluppato e venduto, sin dal 1982, dall'azienda statunitense Autodesk.

te (portabilità del codice sorgente) e compilarlo con librerie statiche[1]. Va da sé però che una tale operazione difficilmente potrebbe essere nelle corde di un utente informatico medio, senza contare che non sarebbe possibile con un software commerciale, dato che, verosimilmente, il codice sorgente non sarebbe disponibile.

---

1 Una libreria si definisce statica quando è parte del programma eseguibile; al contrario si definisce dinamica quando è esterna all'eseguibile e caricata nel programma a tempo di esecuzione.

3. Il FOSS nella Pubblica Amministrazione

La rivoluzione informatica iniziata con la diffusione della rete Internet ha avviato un mutamento irreversibile che ha investito il mondo, spingendo anche le pubbliche amministrazioni ad adeguarsi. Nel corso degli ultimi anni gli enti locali, regionali e statali stanno gradualmente modificando il mondo di rapportarsi con i cittadini: sono cresciuti sia l'interesse a rendere le informazioni più accessibili attraverso applicazioni basate sul web, sia l'esigenza di una sempre maggiore interoperabilità[1] tra le applicazioni che coinvolgono più settori della pubblica amministrazione, sia la necessità di rendere più sicuri i sistemi al fine di proteggere le informazioni private. È inoltre di primaria importanza per le pubbliche amministrazioni preservare l'accessibilità ai dati, eliminare i potenziali rischi legati alla dipendenza dal software proprietario e ridurre i costi, non solo quelli derivanti dall'acquisto delle licenze, ma anche quelli legati al costo totale di gestione[2]. Alla luce di

---

1 L'interoperabilità è la capacità di due o più sistemi, reti, mezzi, applicazioni o componenti, di scambiare informazioni tra loro e di essere poi in grado di utilizzarle.
2 Total Cost of Ownership (TCO), tradotto in italiano con l'espressione "costo totale di gestione", è un → a pag.110

ciò le caratteristiche che rendono il FOSS particolarmente utile per la pubblica amministrazione sono:

- Bassi costi iniziali. L'utilizzo del FOSS non richiede l'acquisto di licenze.

- Costo totale di gestione contenuto. Alcuni studi hanno dimostrato che la migliore affidabilità e produttività del FOSS, unite ai minori costi per hardware[1] e software, possono generare un costo totale di gestione che in alcuni casi è inferiore del 90% rispetto al tradizionale software di tipo proprietario.[2]

- Interoperabilità. Il FOSS si basa essenzialmente su standard aperti che rendono più agevole la condivisione delle informazioni rispetto ai sistemi di tipo proprietario.

↑ da pag.109 metodo con cui si calcolano i costi del ciclo di vita di un'apparecchiatura informatica.

1 Il FOSS solitamente è poco avido di risorse e può girare bene anche su hardware datato.

2 Cfr. Garry, Charlie, The End of Database Licensing?, META Group, 15 Marzo 2005, <www.mysql.com/why-mysql/analyst-reports/meta-group-db-licensing.pdf>; IDC – International Data Corporation, Maximizing the Business Value of Enterprise Database Applications on a Unix Platform, 2002, <www.idc.com>; Schadler T., Rutstein C., Lambert N., Tseng A., Whitele R., Your Open Source Strategy, Forrester Research, Settembre 2003, <www.redhat.com/whitepapers/forrester/Forrester_OSS _Sep.pdf>-

- Libertà. Il FOSS è flessibile[1] ed elimina la dipendenza da una specifica piattaforma o da un particolare produttore hardware/software.

- Modificabilità del software. Il FOSS può essere modificato al fine di adattarlo alle più disparate esigenze.

- Sicurezza[2]. Diversi studi hanno dimostrato che il FOSS è più sicuro rispetto al software proprietario.[3]

---

1 Un software si definisce flessibile quando possiede l'intrinseca capacità di adattarsi facilmente alle diverse esigenze dell'utente e del sistema.

2 Per esempio le patch per correggere bachi informatici o falle nella sicurezza, grazie al contributo della comunità degli sviluppatori, vengono rilasciate solitamente in poche ore, anziché in settimane o addirittura mesi, come spesso avviene per il software chiuso.

3 Cfr. Cox, Mark J., Risk report: Two years of Red Hat Enterprise Linux 4, Red Hat Magazine, 18 Aprile 2007, <magazine.redhat.com/2007/04/18/risk-report-two-years-of-red-hat-enterprise-linux-4>; McMillan, Robert, With Vista breached, Linux remains unbeaten in hacking contest, InfoWorld.com, 31 Marzo 2008, <www.infoworld.com/article/2648567/operating-systems/with-vista-breached--linux-remains-unbeaten-in-hacking-contest.html>; Schryen, Guido, Is Open Source Security a Myth?, Communications of the Association for Computing Machinery (ACM), Vol. 54 No. 5, pp. 130-140, Maggio 2011, <cacm.acm.org/magazines/2011/5/107687-is-open-source-security-a-myth/abstract>.

- Software integrato[1]. Il FOSS offre soluzioni altamente integrate.

- Solidità e affidabilità. La comunità degli sviluppatori FOSS è costantemente all'opera per migliorare il codice sorgente dei vari software.

La tecnologia FOSS sta rivestendo un ruolo sempre più importante nello sviluppo della prossima generazione di applicazioni informative altamente scalabili[2], anche grazie alla piattaforma software LAMP[3], che costituisce la principale infrastruttura per lo sviluppo e l'utilizzo di applicazioni che siano al contempo efficienti ed economicamente vantaggiose. Quest'ultima affermazione trova conferma in uno studio, condotto dalla società di ricerca IDC, dal quale è emerso che un database MySQL (uno dei componenti della piattaforma LAMP) grava sul co-

---

1 L'espressione software integrato si riferisce a un software che combina le funzioni più utilizzate di molti programmi di produttività in una sola applicazione. Esempi di software integrato Free Open Source sono le suite per ufficio OpenOffice e LibreOffice.

2 La scalabilità in riferimento al software indica la capacità di quest'ultimo di adattarsi in funzione del carico di lavoro (per esempio, all'aumento degli utenti o all'incremento dei dati), di modo che un carico aggiuntivo di lavoro non richieda un'estesa modifica del software. Un software che gode di questa proprietà viene detto scalabile.

3 LAMP è un acronimo che indica una piattaforma software per lo sviluppo di applicazioni web che prende il nome dalle iniziali dei componenti software con cui è realizzata, cioè Linux, Apache, MySQL, PHP/Python/Perl.

sto totale di gestione (TCO) solo per il 15%, mentre l'hardware grava per il 17%, il costo per il personale e per la sua formazione rispettivamente per il 21% e il 19% e i periodi d'inattività del sistema per il 28% [Grafico 10].[4]

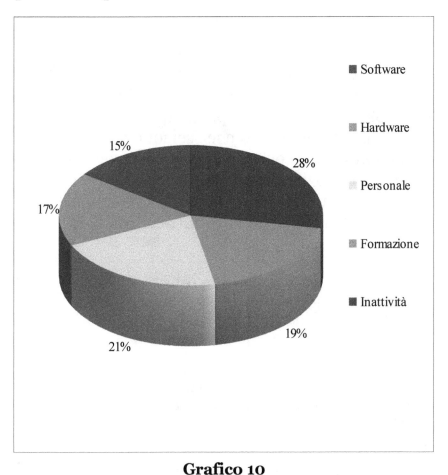

Grafico 10
Scomposizione del costo totale di gestione (TCO) per un database MySQL
(Fonte: IDC – International Data Corporation)

---

4 Cfr. IDC – International Data Corporation, op. cit.

3.1. Vantaggi dei Formati Aperti nella Pubblica Amministrazione

Nel clima di cambiamento che sta investendo le pubbliche amministrazioni, il FOSS va assumendo un ruolo sempre più importante: il numero degli enti pubblici nel mondo che scelgono soluzioni Free Open Source è in costante crescita e anche la pubblica amministrazione italiana, sebbene in ritardo su altre realtà europee, sta valutando i possibili benefici derivanti dall'adozione di formati aperti [Tabella 6].

Tabella 6
Alcuni enti pubblici che utilizzano FOSS
(Fonti: Wikipedia e Linguistico.sourceforge.net)

Austria

La città di Vienna nel 2005 è migrata da Microsoft Office 2002 a OpenOffice e da Microsoft Windows 2000 a Gnu/Linux.

Brasile

Il Ministero della Salute è migrato a OpenOffice.

Lo stato del Paraná dal 2006 adotta BrOffice (versione brasiliana di OpenOffice) su tutte le workstation.

Cile

Seicento scuole pubbliche adottano GNU/Linux dal 2005.

Ecuador

La pubblica amministrazione è migrata interamente al FOSS.

Francia

L'assemblea nazionale è migrata nel 2007 a Ubuntu Linux

La Gendarmeria a partire dal 2005 ha iniziato la graduale adozione di OpenOffice, Firefox e Thunderbird e attualmente ha iniziato la migrazione dal sistema operativo Microsoft Windows a una versione modificata della distribuzione Linux Ubuntu: la versione sviluppata appositamente per la gendarmeria prende il nome di GendBuntu.

Germania

Il Comune di Monaco di Baviera nel maggio 2003 ha iniziato una graduale migrazione dei propri sistemi informatici da Microsoft Windows a GNU/Linux. La migrazione è terminata nel dicembre 2013.

Il comune di Schwäbisch Hall nel 2002 ha scelto d'installare GNU/Linux sulle quattrocento workstation di cui dispone.

Italia

I vigili urbani di Roma utilizzano solo FOSS.

Il catasto di Arezzo è interamente migrato al FOSS.

Il comune di Bologna è interamente migrato al FOSS.

Il comune di Forlì è interamente migrato al FOSS.

Il comune di Imola (BO) è interamente migrato al FOSS.

Il comune di Livenza (TV) utilizza OpenOffice e GNU/Linux

Il comune di Marsala (TP) utilizza GNU/Linux.

Il comune di Modena utilizza OpenOffice e GNU/Linux sui propri PC.

Il comune di Termoli (CB) è interamente migrato al FOSS.

Il comune di Trento utilizza Asterisk per la gestione telefonica tramite VOIP.

L'Agenzia Regionale per la Prevenzione e Protezione Ambientale del Veneto (ARPAV) utilizza GNU/Linux.

L'ASL Avellino 2 è interamente migrata al FOSS.

L'ASL di Bergamo è interamente migrata al FOSS.

L'ente Provincia di Bolzano è interamente migrato al FOSS.

L'ente Provincia di Forlì-Cesena utilizza OpenOffice su circa 80% dei propri PC.

L'Ente Regionale per lo Studio Universitario (ERSU) di Palermo utilizza OpenOffice su settanta PC.

L'ISTAT utilizza FOSS per avere interoperabilità con le altre pubbliche amministrazioni.

L'ospedale Galliera di Genova utilizza solo FOSS sui settecento PC di cui dispone.

La corte dei conti utilizza GNU/Linux e altri tipi di FOSS.

La regione autonoma della Sardegna è migrata OpenOffice

Le forze armate del 21esimo Gruppo Radar di Castiglione della Pescaia utilizzano (GR) utilizzano OpenOffice e GNU/Linux.

Romania

Le biblioteche pubbliche aderiscono al progetto FOSS denominato IOSSPL.

Russia

Oltre mille scuole pubbliche usano GNU/Linux e le scuole che decidono di usare software proprietario non possono acquistarlo usufruendo dei fondi statali.

Spagna

La regione autonoma dell'Estremadura nel 2012 è migrata a Linux Debian per i quarantamila computer dell'amministrazione regionale dopo avere adottato già GNU/Linux per il servizio sanitario pubblico e per le scuole.

Stati Uniti

Il Colorado Department of Human Services (Dipartimento del Colorado dei Servizi Umani) utilizza FOSS per i il portale dei servizi.

La città di Chicago usa Red Hat Linux.

La città di Madera, nello Stato della California, utilizza FOSS per la rete internet e il VOIP.

La Federal Aviation Administration (Amministrazione Federale dell'Aviazione) utilizza Red Hat Linux.

La Libreria del Congresso utilizza GNU/Linux per acquisire digitalmente testi e metterli a disposizione del pubblico.

La US Navy utilizza il CMS eZ publish.

Lo stato del Massachusetts utilizza FOSS per la propria documentazione ufficiale.

Svizzera

Il cantone di Soletta utilizza OpenOffice e GNU/Linux su tutte le duemila workstation di cui dispone.

Venezuela

Ventisette ministeri e oltre cinquecentoventi amministrazioni pubbliche adottano solo FOSS.

Sono in molti a ritenere che tutto il software utilizzato negli enti pubblici debba essere Free Open Source: questa convinzione è motivata molto spesso da argomentazioni che rimarcano i benefici di tipo economico derivanti dall'adozione di soluzioni FOSS. Tuttavia, quantunque il risparmio esista, sia difficilmente negabile e già di per sé costituisca un buon motivo, l'opportunità di estenderne l'adozione del FOSS a tutti i settori della pubblica amministrazione non può essere semplicisticamente ricondotta a una mera questione di vile denaro. Esistono infatti almeno due altri motivi, ancora più validi, per giustificare il passaggio nella pubblica amministrazione dal software proprietario al FOSS:

- Eliminare i rischi derivanti dall'utilizzo dei formati proprietari[1];

- Eliminare la necessità di frequenti upgrade[2] sia software, sia hardware.

Un formato proprietario codifica i dati di un file in modo che per accedervi sia necessario il programma con cui sono stati creati. I programmi che fanno capo ai formati proprietari sono solitamente sviluppati da aziende software e protetti dalle leggi sul diritto d'autore, di modo che chiunque voglia accedere ai dati contenuti in un file in formato proprietario sia vincolato a uno specifico programma, creato da una specifica azienda. Ciò comporta che qualora un'azienda smettesse di produrre il software che gestisce un determinato formato proprietario, non sa-

---

1 L'espressione formato proprietario indica qualsiasi formato di file di cui non siano note le specifiche tecniche. Alcuni noti formati proprietari sono .doc (Microsoft Word), .xls (Microsoft Excel), .ppt (Microsoft Office PowerPoint), .psd (Adobe Photoshop), .flv (Adobe Flash), .divx (codec video sviluppato da DivX Inc.).

2 Aggiornamento di un sistema informatico o di un programma.

rebbe più possibile leggere quel formato, cosa che potrebbe tradursi anche in una perdita di dati per tutti gli utenti che si erano affidati a quello specifico formato proprietario. Questo rischio non esiste nei formati aperti, i quali grazie alla disponibilità del codice sorgente possono essere mantenuti in vita anche nel caso in cui gli sviluppatori originari avessero la volontà di abbandonare un progetto.

Due esempi in tal senso sono il web browser Netscape Navigator e il programma di videoscrittura WordStar, entrambi non più prodotti ma con conseguenze molto diverse. Il primo grazie alla pubblica disponibilità del suo codice sorgente, rilasciato nel 1998, ha consentito la nascita di Mozilla Firefox, un web browser molto diffuso e apprezzato che di fatto ha raccolto l'eredità di Netscape Navigator. Il secondo, prodotto nel 1978 dalla MicroPro International Corporation, raggiunse un alto grado di diffusione nella prima metà degli anni Ottanta, diventando uno dei più diffusi word processor[1] dell'epoca. Ciononostante la sua uscita dal mercato fece sì che anche il formato proprietario che gestiva (.ws) diventasse obsoleto. In conseguenza di ciò gli utenti furono costretti a una migrazione forzata verso un nuovo software e un nuovo formato. Pena la perdita dei dati.

Una delle maggiori virtù del FOSS è che offre grandi flessibilità e controllo, cosa che consente dal lato software di ridurre le operazioni di manutenzione e

---

1 Programma che consente di elaborare e di redigere un testo.

dal lato hardware di accantonare la costante necessità di upgrade tipica di molti software proprietari,
in special modo i sistemi operativi, i quali per girare
in maniera ottimale richiedono la parziale o totale
sostituzione del vecchio hardware praticamente a
ogni nuovo rilascio. A tal proposito è illuminante il
confronto fra i requisiti minimi di sistema richiesti
relativamente all'architettura x86 dalle ultime versioni di due celebri sistemi operativi: il primo di tipo
proprietario, "Microsoft Windows 8.1"; il secondo di
tipo FOSS, "Xubuntu 14.10 Utopic Unicorn" (versione di Ubuntu che installa l'ambiente desktop XFCE)
[Tabella 7].

Tabella 7
Requisiti minimi di sistema per Windows 8.1 e Xubuntu
14.10 Utopic Unicorn
(Disamina dell'autore)

	Microsoft Windows 8.1	**Xubuntu 14.10 Utopic Unicorn**
CPU	1 GHz	700 MHz
RAM	1 GB	256 MB
Spazio libero su disco fisso	16 GB	4,4 GB

Per le pubbliche amministrazioni liberarsi dall'op-
primente schiavitù di dovere aggiornare l'hardware
per fare girare software di ultima generazione non è
un vantaggio da poco, perché si traduce sì in risparmio economico ma anche e soprattutto in facilità di
accesso alle informazioni per i cittadini che non

sono costretti a subire frequenti interruzioni di servizio dovute, per esempio, alla manutenzione dei server.

4. Il FOSS nelle Aziende

I benefici per le aziende che migrano al Free Open Source Software sono i medesimi visti per la pubblica amministrazione, tuttavia possono rivestire particolare interesse per le imprese, specie quelle piccole e medie alcune specifiche peculiarità del FOSS, fra le quali:

- Progettualità a costi contenuti;
- Rapidità d'installazione;
- Software su misura;
- Supporto della comunità.

I costi per un'azienda che decide di realizzare un progetto software sono generalmente distribuiti in tre parti:

1. Acquisizione della licenza;
2. Installazione e personalizzazione dei programmi;
3. Costi interni per adeguamenti organizzativi[1].

---

1 Per esempio la formazione del personale, la riorganizzazione degli uffici, la ridefinizione di funzioni e compiti, ecc.

Il costo di un progetto basato su Free Open Source Software, non prevedendo l'acquisto delle licenze, è solitamente pari a due terzi di un progetto basato su software proprietario.

Il FOSS è corredato da abbondante ed esaustiva documentazione agevolmente reperibile online e qualora questa non bastasse la comunità degli utenti e degli sviluppatori è sempre pronta a dare aiuto a chiunque lo richiedesse. L'installazione e la messa in funzione del software Free Open Source pertanto risulta solitamente rapida, specie per le aziende che dispongono di personale tecnico qualificato.

Le aziende di piccole e medie dimensioni non sempre necessitano di tutte le caratteristiche offerte dai cosiddetti software per impresa[1]. In alcuni casi poi è possibile che non dispongano neppure delle risorse economiche per acquistare questa spesso costosa tipologia di software. Al contrario è più frequente che esse abbiano bisogno di soluzioni economiche, semplici da gestire e che offrano solo le funzionalità a loro strettamente necessarie: le soluzioni FOSS possiedono esattamente questo tipo di flessibilità.

---

1 I software per impresa, in inglese software enterprise, sono dei pacchetti software appositamente progettati e utilizzati per soddisfare le esigenze di aziende e organizzazioni, anziché i singoli utenti. I servizi forniti da questa tipologia di software riguardano in genere la produttività economica. Inoltre la complessità di questi strumenti richiede solitamente capacità specialistiche e conoscenze specifiche.

La vasta comunità FOSS, grazie ai numerosi esperti che annovera fra le sue fila, garantisce il supporto gratuito online e provvede inoltre alla correzione di eventuali bachi del software. Le soluzioni di tipo proprietario, per contro, molto spesso offrono supporto solo a pagamento, cosa che può gravare in maniera relativamente significativa sul bilancio economico delle imprese di modeste dimensioni.

4.1. Ostacoli alla Diffusione del FOSS nelle Aziende Italiane

Il FOSS nelle aziende italiane procede a due velocità di marcia: nelle grandi aziende la sua diffusione è in costante crescita; al contrario in quelle piccole stenta a penetrare. L'Istituto nazionale di statistica (Istat) nel gennaio 2010 ha condotto una ricerca sull'uso delle tecnologie dell'informazione e della comunicazione (ICT) nelle aziende con almeno dieci addetti attive nell'industria e nei servizi. Dalla ricerca è emerso che in Italia soltanto il 15,9% delle aziende utilizza sistemi operativi FOSS [Grafico 11].

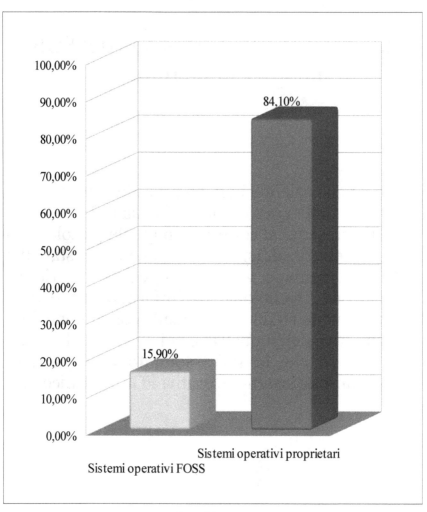

Grafico 11
Tipologia di sistema operativo nelle imprese con almeno
dieci addetti
(Fonte: Istat – Istituto nazionale di statistica)

La ricerca inoltre mette in evidenza l'ampio divario
tra le piccole aziende (meno di cinquanta addetti) e
quelle di maggiori dimensioni (con più di duecento-
cinquanta addetti): i sistemi operativi FOSS sono

utilizzati dal 13,9% delle prime e dal 49,3% delle seconde [Grafico 12].

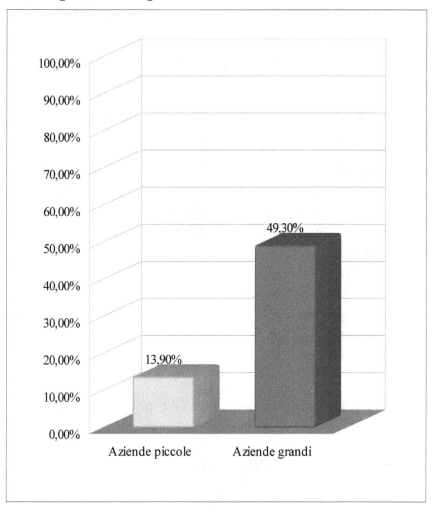

Grafico 12
Divario fra piccole e grandi imprese (con almeno dieci addetti) in relazione all'utilizzo di sistemi operativi FOSS
(Fonte: Istat – Istituto nazionale di statistica)

Dunque il FOSS paradossalmente è poco presente proprio nelle realtà aziendali che avrebbero i massimi benefici dalla sua introduzione. Le cause di questo fenomeno sono riconducibili essenzialmente a due fattori:

- Scarsa informazione per quanto riguarda le alternative al software proprietario offerte dal FOSS;

- Mancanza di competenze specialistiche all'interno delle aziende.

C'è da dire che mentre buona parte delle applicazioni FOSS di utilizzo non strettamente aziendale sono conosciute, apprezzate e molto utilizzate [Tabella 8], le soluzioni FOSS tipicamente aziendali, al contrario, sono meno note, quantunque esse coprano ormai la totalità delle applicazioni utilizzate dalle aziende: dagli applicativi di CRM (gestione delle relazioni con i clienti) fino a quelli ERP (sistemi gestionali integrati).

Tabella 8
Alcune delle soluzioni FOSS più diffuse
(Disamina dell'autore)

Nome	Descrizione
Apache	Web server
Apache OpenOffice	Suite di strumenti per ufficio
Drupal	Sistema di gestione dei contenuti (CMS)
Mozilla Firefox	Web browser
FreeBSD	Sistema operativo

GIMP	Programma per la creazione e modifica di immagini digitali
GNU/Linux	Sistema operativo
Google Chrome OS	Sistema operativo
Inkscape	Programma per il disegno vettoriale
Joomla!	Sistema di gestione dei contenuti (CMS)
LibreOffice	Suite di strumenti per ufficio
MySQL	Database
OpenBSD	Sistema operativo
Perl	Linguaggio di programmazione
PHP	Linguaggio di scripting
PostgreSQL	Database
Python	Linguaggio di programmazione
Thunderbird	Client di posta
VLC	Riproduttore multimediale
Wordpress	Sistema di gestione dei contenuti (CMS)

I software che gestiscono le funzioni aziendali maggiormente critiche presentano solitamente un'intrinseca complessità, a prescindere che si tratti di FOSS o di software proprietario. Il caso forse più estremo è quello dei sistemi gestionali che per la loro complessità richiedono spesso un rilevante lavoro preliminare di analisi e sviluppo. Inoltre più un'applicazione è verticale, cioè specifica per un certo settore o filiera produttiva, e più gli interventi di configurazione, personalizzazione e manutenzione richiedono tecnici specializzati. A causa di ciò molte piccole aziende, non avendo al proprio interno personale dotato di competenze informatiche specifiche, ricorrono non di rado a consulenti esterni, i quali per vari motivi, a volte anche di tornaconto personale, hanno più interesse a vendere pacchetti software chiusi, anziché aperti.

5. Il FOSS nel Mondo della Scuola

Il fenomeno del Free Open Source Software è pregno di valenze culturali che non si limitano al solo ambito informatico, perciò il suo impatto sul mondo dell'istruzione non poteva essere privo di conseguenze. In particolare le caratteristiche del FOSS che meglio si coniugano con la realtà scolastica sono:

- Agevolazione dell'apprendimento;

- Agevolazione del riuso dell'hardware;

- Riduzione dei costi.

Il paradigma del codice sorgente aperto è ideale per l'apprendimento, poiché dà la possibilità di comprendere il software dall'interno, cosa che consente agli studenti di apprendere meglio e di più, in special modo negli istituti in cui l'informatica è materia professionale d'insegnamento. Per questa ragione l'utilizzo del FOSS nella scuola ha una duplice valenza: come strumento di lavoro attraverso l'utilizzo del software; ma anche come oggetto di studio per insegnare la programmazione informatica attraverso l'analisi del codice sorgente.

Il FOSS, non necessitando di dotazioni hardware particolarmente potenti, consente il riuso di vecchi

PC, il che, unito alla gratuità delle licenze software, aiuta le scuole ad abbassare i costi complessivi. Questo aspetto assume enorme importanza specie nelle realtà scolastiche che dispongono di pochi fondi, proprio come la scuola pubblica italiana la cui scarsità di risorse è tristemente proverbiale.

Inoltre esistono soluzioni FOSS mirate all'utilizzo scolastico che forniscono validi strumenti per l'insegnamento. A tal proposito un esempio pregnante è il sistema operativo Edubuntu: una distribuzione GNU/Linux basata su Ubuntu e appositamente pensata per l'utilizzo in ambito scolastico.

5.1. Difficoltà del FOSS nella Scuola Pubblica Italiana

Il principale ostacolo all'introduzione del paradigma FOSS in un contesto di ampio respiro, che va ben oltre il mondo dell'istruzione, consiste nel far accettare all'utenza un cambiamento rispetto agli standard di fatto che il monopolio Microsoft ha imposto. Nondimeno la maggiore difficoltà che incontra il FOSS nella scuola italiana è dovuta alla carenza all'interno del suo organico di figure professionali aventi competenze informatiche specialistiche. Assume perciò primaria importanza per le scuole l'attenta valutazione sia del contesto di utilizzo, sia delle conoscenze informatiche necessarie per il proficuo utilizzo dei pacchetti FOSS che si intende scegliere; diversamente c'è il rischio di compromettere i benefici derivanti dall'adozione di soluzioni aperte.

Un altro punto critico è dato dall'integrazione fra i sistemi operativi di tipo proprietario e il FOSS, con particolare riferimento al primo ciclo d'istruzione, vale a dire alla scuola primaria e alla scuola secondaria di primo grado, dove solitamente esistono già problemi di coesistenza fra gli ambienti Windows e Mac. Le scuole interessate al paradigma FOSS perciò molto spesso si trovano di fronte al dilemma se migrare interamente al FOSS oppure optare per una soluzione di tipo misto.

In conclusione, il FOSS può assumere una funzione sempre più importante all'interno della scuola italiana, a patto però che si stabilisca senza ambiguità il suo ruolo e si cominci seriamente a pensare alla formazione di personale tecnico specializzato.

Conclusioni

Il Free Open Source è un fenomeno che pone l'essere umano al centro di un percorso teso a rivitalizzare l'idea di libertà. Un percorso che, sebbene sia principalmente tecnologico, non va per nulla sottovalutato, in quanto denso di implicazioni sociali, culturali e politiche. Il paradigma del codice sorgente aperto infatti è figlio dei valori della libertà: condividere la conoscenza, in ogni campo, non solo in quello del software, significa consentire la diffusione del sapere che è l'unico modo di preservare la libertà. Il filosofo greco Socrate diceva:

> *«Il sapere rende liberi, è l'ignoranza che rende prigionieri».*

La storia ce lo insegna, quando il sapere è riservato a gruppi ristretti di persone diventa uno strumento con cui i pochi privilegiati che vi hanno accesso acquisiscono una posizione di potere. Quando ciò accade, muore la libertà e nascono le oligarchie politiche ed economiche. Un altro filosofo, l'inglese Francesco Bacone, diceva:

> *«Sapere è potere».*

Il modello del Free Open Source Software promuove la cooperazione e spinge le persone a organizzarsi in comunità, ciò ha fatto sì che tale modello si sia esteso naturalmente ad altri campi non strettamente informatici, come per esempio la musica o l'editoria. Tuttavia la reale forza innovativa del FOSS resta strettamente legata alla metodologia di sviluppo e distribuzione del software.

La tecnologia FOSS sta diventando sempre più importante per alcuni settori nevralgici della società, in particolare per le pubbliche amministrazioni, e per il settore dell'istruzione. L'impatto economico sulle aziende tuttavia presenta ancora diverse potenzialità inespresse: se da una parte le grandi aziende, specie quelle operanti in campo internazionale, si avvalgono di soluzioni FOSS ottenendo in taluni casi anche degli ingenti profitti e contribuendo alla crescita della realtà FOSS; dall'altra le piccole e medie aziende, specie in Italia, sembrano non avere capito né la reale portata del fenomeno FOSS, né le opportunità che esso offre.

I maggiori punti di forza del FOSS sono l'interoperabilità, la scalabilità, la flessibilità e il livello di sicurezza elevati, nonché l'assenza di vincoli di piattaforma e il ridotto costo totale di gestione. Un ulteriore punto di forza del FOSS risiede nei formati aperti, grazie ai quali è possibile garantire nel tempo l'accesso ai dati, evitando inoltre d'imporre decisioni tecnologiche ai cittadini.

La contrapposizione fra FOSS e software proprietario, da un punto di vista economico, è vantaggiosa per i consumatori, perché da una parte aumenta la concorrenza riducendo il rischio di situazioni di monopolio, dall'altra innesca una competizione tra offerte diversificate che produce effetti positivi sia sui prezzi, sia sulla qualità del software.

La realtà FOSS non è ovviamente tutta rose e fiori. Gli ostacoli alla diffusione del FOSS sono più di uno e non mancano neppure limiti intrinseci legati alla sua metodologia di distribuzione.

Esiste, per esempio, il problema della proliferazione delle licenze, a causa del quale gli sviluppatori, e non solo, sono costretti a districarsi in una giungla di clausole e cavilli legali che in certi casi sono degni del miglior azzeccagarbugli di manzoniana memoria. Non mancano neppure gli aspetti propagandistici che contribuiscono non poco ad allontanare l'utente informatico medio, già di per sé abbastanza disorientato per via della frammentata offerta software figlia dei tanti progetti FOSS che si scindono a causa di veri e propri scismi dovuti a conflitti personali tra gli sviluppatori (fork).

Nell'ambito dei sistemi operativi desktop, inoltre, il cavallo su cui punta il FOSS, GNU/Linux, se non è rimasto al palo, poco ci manca, sebbene, per onestà intellettuale, non si può ignorare che le distribuzioni GNU/Linux non sfondano nel settore desktop anche per colpa del monopolio Microsoft. Infatti anche i problemi legati alla scarsità di driver e di software commerciale che tipicamente affliggono le distribuzioni desktop GNU/Linux sono una conseguenza di suddetto monopolio. È naturale che i produttori di hardware e di software commerciale riservino poca attenzione a distribuzioni che complessivamente racimolano una quota di mercato inferiore al 2%: non hanno la necessaria convenienza economica che li spinga a un diverso comportamento.

Un altro potenziale problema è legato alle modalità di distribuzione del FOSS e alle forme di guadagno ammesse. Le licenze d'uso compatibili con il FOSS non permettono la vendita diretta del software, esistono però vari modelli commerciali alternativi, attraverso cui ottenere un tornaconto economico. Tuttavia la maggior parte delle modalità di guadagno consentite, alla prova dei fatti il più delle volte si rivelano inefficaci, a eccezione di quelle collegate alla vendita di servizi e simili. Ciò sicuramente non rappresenta un problema per la quasi totalità delle aziende che producono software. Un azienda infatti può permettersi di distribuire il software gratuitamente, perché ha gli strumenti tecnici ed economici che le consentono di mettere in piedi una rete di servizi attraverso cui ottenere profitto economico. Purtroppo la medesima operazione non è sempre possibile per i piccoli sviluppatori.

Si pensi, per esempio, agli sviluppatori di applicazioni per dispositivi mobili: questo tipo di applicazioni non sempre è realizzato da grandi aziende, più spesso di quanto si possa immaginare sono frutto del lavoro di programmatori indipendenti. Un programmatore che si guadagna da vivere sviluppando e vendendo applicazioni per dispositivi mobili, per rilasciare il suo software sotto una qualunque licenza d'uso FOSS dovrebbe cedere gratuitamente il suo lavoro. A quel punto però la sua "generosità" potrebbe non essere adeguatamente ricompensata, poiché molte applicazioni per dispositivi mobili sono semplicemente incompatibili con le modalità di guadagno FOSS.

Va da sé che offrire dei servizi a pagamento per un'applicazione del costo di un paio di euro, progettata per girare su Smartphone, sarebbe un'assurdità. Anche il ricorso ai banner pubblicitari non è detto che sia fattibile: nel caso, per esempio, di un'applicazione destinata a un uso sporadico da parte dell'utenza, una siffatta scelta non sarebbe economicamente produttiva. Rimarrebbe la possibilità di rilasciare funzioni aggiuntive a pagamento (in-app purchase), come avviene per molte popolari applicazioni videoludiche, tipo Candy Crush. Una simile operazione però difficilmente sarebbe alla portata di un singolo sviluppatore. Non per niente dietro queste simpatiche applicazioni ci sono aziende che investono fior di quattrini (per esempio, Candy Crush è sviluppato dalla King Digital Entertainment).

In conclusione, ci sono ambiti in cui il FOSS rappresenta la scelta ideale e altri in cui il software proprietario non lascia spazio a soluzioni alternative concrete. È perciò compito dell'utente informatico riuscire a capire quali siano le sue reali esigenze e conseguentemente quali siano le soluzioni più adatte a lui, FOSS o proprietarie che siano. La sfida informatica del futuro non vedrà più la sola contrapposizione fra FOSS e software proprietario, ma coinvolgerà sempre più l'utente informatico, che sarà chiamato a cimentarsi sul campo della consapevolezza.

Bibliografia

Aliprandi, Simone (S.l. 2014), Il fenomeno open data. Indicazioni e norme per un mondo di dati aperti, Ledizioni.

Bassi, Nicola (Milano 2000), Open Source - Analisi di un movimento, Apogeo.

Berra M., Meo A. R. (Torino 2001), Informatica solidale. Storia e prospettive del software libero, Bollati Boringhieri Editore

Berra M., Meo A. R. (Torino 2006), Informatica solidale 2. Libertà di software, hardware e conoscenza, Bollati Boringhieri Editore

Bertani, Marco (Milano 2004), Guida alle licenze di software libero e open source, Nyberg Edizioni.

Bravo, Fabio (Bologna 2008), Software «Open Source» e Pubblica Amministrazione. L'esperienza comunitaria e quella italiana tra diritto d'autore, appalti pubblici e diritto dei contratti, Gedit Edizioni.

Candilio, Gioacchino (Milano 2006), Elementi di informatica generale, Franco Angeli Edizioni.

Cerf C., Navasky V. (New York 1984), The experts speak: the definitive compendium of authoritative misinformation, Pantheon Books.

Gaspari M., Roveda G.(Bologna 2013), Informatica per l'impresa tra soluzioni proprietarie ed open source, Pitagora Editrice.

Gay, Joshua (Boston 2002), Free Software, Free Society: Selected Essays of Richard M. Stallman, Gnu Press.

Hobsbawm, Eric (New York 1996), The Age of Revolution, 1789-1848, Vintage Books.

LASER (Laboratorio Autonomo di Scienza Epistemologia e Ricerca), Gruppo (Milano 2005), Il sapere liberato. Il movimento dell'open source e la ricerca scientifica, Feltrinelli.

Lo Foco M., Cropanese R. (S.l. 2013), Il diritto d'autore – Storia, evoluzione, regole, futuro, Narcissus.me.

Morgan C., Langford D. (Exeter 1981), Facts and Fallacies, Webb and Bower.

Raymond, Eric S. (Sebastopol 1999), The Cathedral & the Bazaar: Musings on Linux and Open Source by an Accidental Revolutionary, O'Reilly & Associates Inc.

Shiva, Vandana (London 2001), Protect or Plunder? – Understanding Intellectual Property Rights, Zed Books.

Sissa, Giovanna (Milano 2004), Scuole in rete. Soluzioni open source e modelli UML, Franco Angeli Edizioni.

Smith, Adam (Torino 1975), La Ricchezza delle Nazioni (ed. orig. An Inquiry into the Nature and Causes of the Wealth of Nations), UTET.

St. Laurent, Andrew M. (Sebastopol 2004), Understanding Open Source and Free Software Licensing, O'Reilly Media.

Välimäki, Mikko (Helsinki 2005), The Rise of Open Source Licensing – A Challenge to the Use of Intellectual Property in the Software Industry, Turre Publishing.

Sitografia

Areppim AG, Free charts and graphs, <stats.areppim.com/stats/stats_pcxfcst.htm>

Balbi, Alessio, La rivoluzione open source conquista Hollywood, Repubblica.it, 2 luglio 2003, <www.repubblica.it/online/scienza_e_tecnologia/sinbad/sinbad/sinbad.html>

Black Duck Software, Top 20 Open Source Licenses, <www.blackducksoftware.com/resources/data/top-20-open-source-licenses>

Bollinger, Terry, Use of Free and Open-Source Software (FOSS) in the U.S. Department of Defense, 2 Gennaio 2003, <www.terrybollinger.com/dodfoss/dodfoss_html/index.html>

Caccavella, Francesco, La BBC apre all'open source – Gratis software audio e video, Repubblica.it, 14 luglio 2005, <www.repubblica.it/2005/b/sezioni/scienza_e_tecnologia/software/dirac/dirac.html>

Colford, Scot, Explaining, Free and Open Source Software, Bulletin of the American Society for Information Science and Technology, Vol. 35, N° 2, Dicembre 2008/Gennaio 2009, <www.asis.org/Bulletin/Dec-08/DecJan09_Colford.pdf>

Commissione Europea, European Interoperability Framework (EIF) for European public services, <ec.europa.eu/isa/documents/isa_annex_ii_eif_en.pdf>

Cox, Mark J., Risk report: Two years of Red Hat Enterprise Linux 4, Red Hat Magazine, 18 Aprile 2007, <magazine.redhat.com/2007/04/18/risk-report-two-years-of-red-hat-enterprise-linux-4>

Debian, Debian Social Contract, <www.debian.org/social_contract.en.html>

Garry, Charlie, The End of Database Licensing?, META Group, 15 Marzo 2005, <www.mysql.com/why-mysql/analyst-reports/meta-group-db-licensing.pdf>

GNU Project, The Free Software Definition, <www.gnu.org/philosophy/free-sw.en.html>

GNU Project, Various Licenses and Comments about Them, <www.gnu.org/licenses/license-list.en.html>

Google Inc., Financial Tables, <investor.google.com/financial/tables.html>

IDC – International Data Corporation, Maximizing the Business Value of Enterprise Database Applications on a Unix Platform, 2002, <www.idc.com>[*]

Istat – Istituto nazionale di statistica, Le tecnologie dell'informazione e della comunicazione nelle imprese, Gennaio 2010, <www.istat.it/it/files/2011/01/testointegrale201012131.pdf>

---

[*] La ricerca non è più disponibile sul sito ufficiale della IDC.

ITU – International Telecommunications Union, ICT data for the world, by geographic regions and by level of development, for the years 2005-2014, <www.itu.int/en/ ITU-D/Statistics/Documents/statistics/2014/ITU_Key_200 5-2014_ICT_data.xls>

ITU-T – International Telecommunication Union – Telecommunication Standardization Bureau, Definition of "Open Standards", <www.itu.int/en/ITU-T/ipr/Pages/open. aspx>

Linguistico.sourceforge.net, Casi d'uso di OpenOffice.org, <linguistico.sourceforge.net/pages/casi_d_uso.html>

Linux Foundation, Who Writes Linux 2013, <www.linux foundation.org/publications/linux-foundation/who-writes-linux-2013>

McBride, Darl, Lettera aperta al "Congresso degli Stati Uniti d'America", 8 Gennaio 2004, <ufies.org/files/sco_hill.pdf>

McMillan, Robert, With Vista breached, Linux remains unbeaten in hacking contest, InfoWorld.com, 31 Marzo 2008, <www.infoworld.com/article/2648567/operating-sys tems/with-vista-breached—linux-remains-unbeaten-in-hack ing-contest.html>

Net Applications, Desktop Operating System Market Share, <www.netmarketshare.com>

Novell, Linux Continues to Gain Momentum in Enterprise Server Market, <www.novell.com/docrep/2013/07/linux_ gains_momentum.pdf>

OSI – Open Source Initiative, Open Source Licenses, <opensource.org/licenses>

OSI – Open Source Initiative, The Open Source Definition, <opensource.org/osd>

Rampini, Federico, La sfida degli antibrevetto "Copiare è un diritto", Repubblica.it, 18 marzo 2002, <www.repubblica.it/online/societa/antibrevetto/antibrevetto/antibrevetto.html>

Red Hat Inc., Financial Statements, <investors.redhat.com/financials-statements.cfm>

Sand Hill, Open Source Drives Software Innovation, <sandhill.com/article/open-source-drives-software-innovation>

Schadler T., Rutstein C., Lambert N., Tseng A., Whitele R., Your Open Source Strategy, Forrester Research, Settembre 2003, <www.redhat.com/whitepapers/forrester/Forrester_OSS_Sep.pdf>

Schryen, Guido, Is Open Source Security a Myth?, Communications of the Association for Computing Machinery (ACM), Vol. 54 No. 5, pp. 130-140, Maggio 2011, <cacm.acm.org/magazines/2011/5/107687-is-open-source-security-a-myth/abstract>

Stallman, Richard M., Lettera di Richard Stallman ai Parlamentari italiani, 13 Maggio 2005, <www.interlex.it/copyright/stallman.htm>

Stallman, Richard M., Real men don't attack straw men, OpenBSD-misc mailing list, 13 Dicembre 2007, ore 16,52, <marc.info/?l=openbsd-misc&m=119757137225630&w=2>

Treccani.it, Consultazione alle voci "merce" e "servizio", <www.treccani.it/enciclopedia>

W3Schools, OS Platform Statistics and Trends, <www.w3schools.com/browsers/browsers_os.asp>

Wikipedia, Comparison of free and open-source software licenses, <en.wikipedia.org/wiki/Comparison_of_free_and_open-source_software_licenses>

Wikipedia, Free and open-source software, <en.wikipedia.org/wiki/Free_and_open-source_software>

Wikipedia, Free software adoption cases, <en.wikipedia.org/wiki/Free_software_adoption_cases>

Wikipedia, Free software, <en.wikipedia.org/wiki/Free_software>

Wikipedia, Open source, <en.wikipedia.org/wiki/Open_source>

www.ingramcontent.com/pod-product-compliance
Lightning Source LLC
Chambersburg PA
CBHW071001050326
40689CB00014B/3441